励志名人传记

贝多芬

韩国汉松教育 ◎ 编
千太阳 ◎ 译

天地出版社 | TIANDI PRESS

·目录·

必须要像莫扎特一样 | 6

短暂的邂逅，永远的分别 | 13

在音乐之都展翅高飞 | 18

慢慢靠近的黑色影子 | 26

所有人都一样珍贵 | 35

任何困难都无法打败他 | 41

他一直活在我们心中 | 50

情报夹 | 56

人物概述 | 60

战胜命运的音乐家
贝多芬

如果画家眼睛看不见了，会怎样？

应该再也无法画出好看的作品了吧？

如果作曲家耳朵听不见声音了，会怎样？

应该再也无法创作出动听的歌曲了吧？

贝多芬一开始也是这么想的。

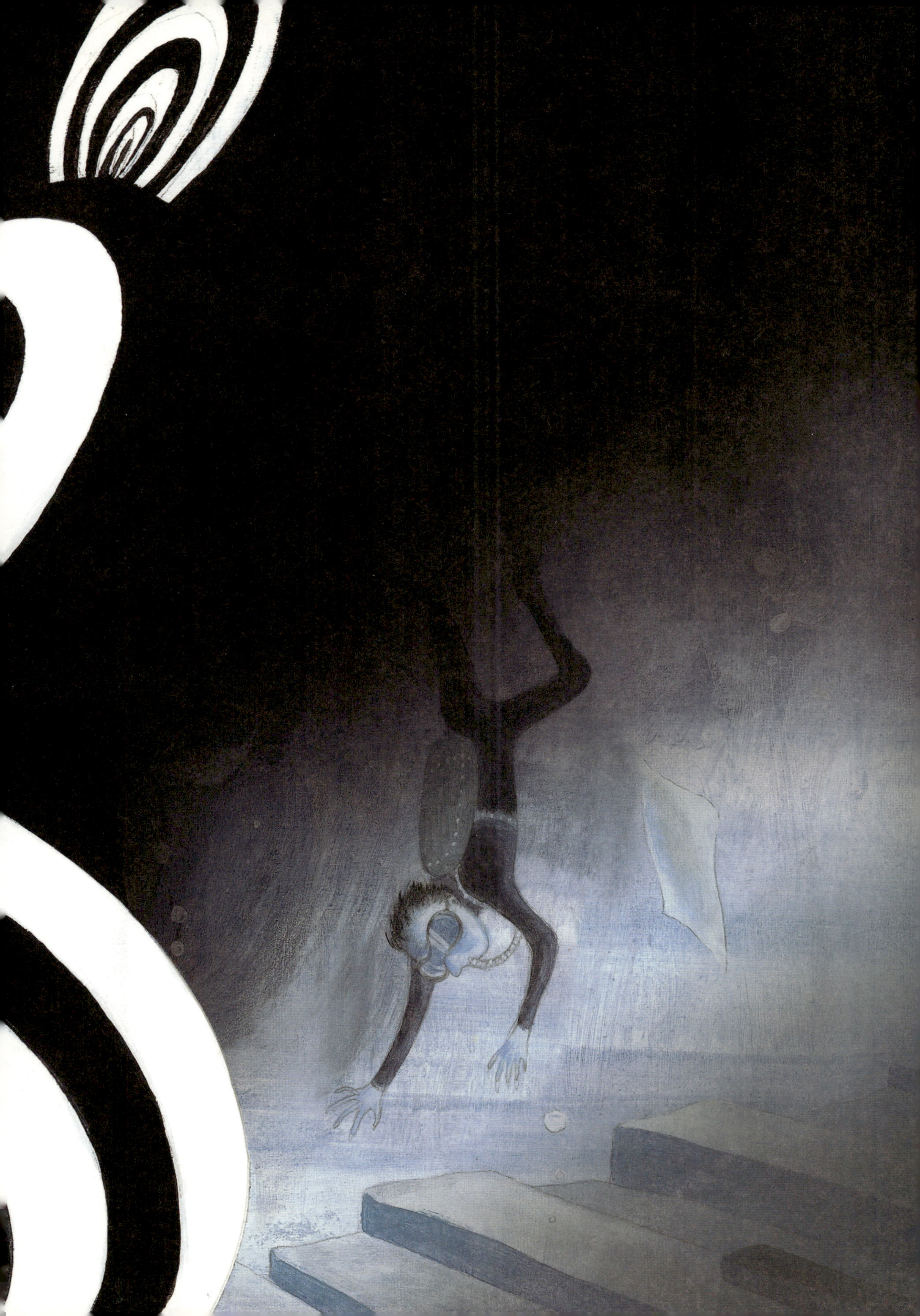

贝多芬慢慢地开始听不见声音了。
既听不见歌唱家的歌声，也听不见其他人演奏的乐器声。
最后，连自己弹奏的钢琴声也听不见了。
贝多芬用双手紧紧地抱住头，就像被箭射中的野兽一般狂叫。
"不会的，不会的，我不是一个聋子！"

但是，贝多芬并没有因此陷入绝望。
他战胜了命运，把不幸升华为动听的音乐。

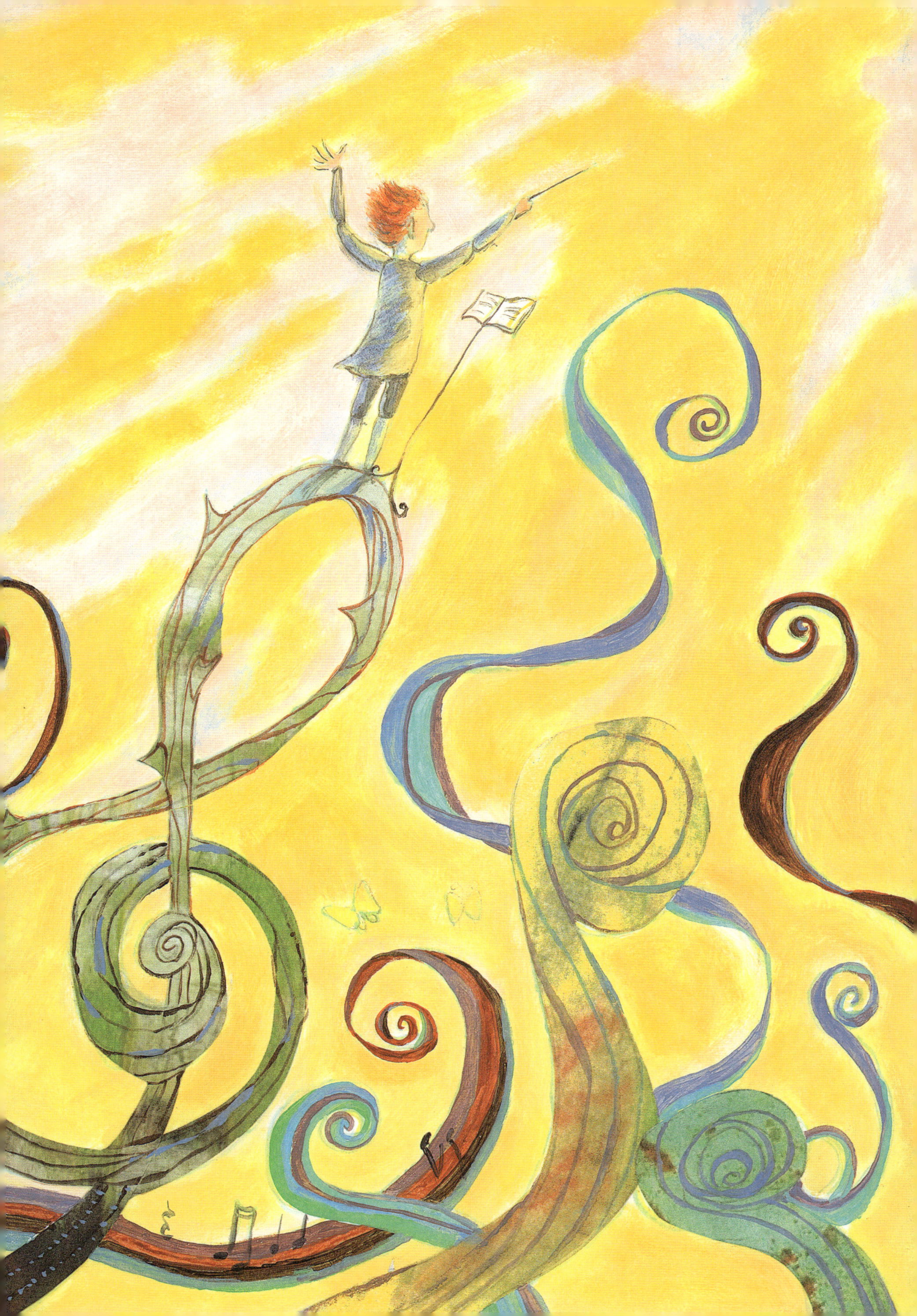

必须要像莫扎特一样

1770年的冬天,路德维希·凡·贝多芬出生在德国莱茵河附近一个美丽又安静的城市——波恩。路德维希·凡·贝多芬这个名字继承自担任宫廷乐团团长的爷爷。

年幼的贝多芬不仅继承了爷爷的名字,还遗传了爷爷的音乐才华。

从牙牙学语开始,他就能把爷爷唱的摇篮曲和民谣等跟着唱完。

"这个孩子长大后一定会成为一个了不起的音乐家。"

爷爷非常疼爱贝多芬,不过在贝多芬三岁那一年,爷爷就因病去世了。

贝多芬的父亲约翰从小就担任宫廷乐团的歌手,成年后偶尔会给贵族子女上课,教授声乐和钢琴。但是,约翰嗜酒如命,导致家里一团糟。

贝多芬四岁时，父亲就开始教他弹钢琴，他用他那双小手敲击钢琴的键盘。

父亲教他弹钢琴时非常严苛，让他很害怕，尤其是父亲喝醉酒回到家，会大声训斥他，只要他稍稍偷懒就会挨打。严重时父亲会把他关在屋子里，让他不停地练习钢琴。

"你必须要变得像莫扎特一样！就你现在的水平还差得远呢。"

贝多芬非常害怕，他觉得一不小心父亲就会把钢琴砸了。

贝多芬更喜欢被关在房间里，因为这样既不用被父亲批评，也不用看父亲撒酒疯。当朋友们在窗外嬉笑打闹时，陪在贝多芬身边的只有钢琴。他越来越喜欢钢琴了，比起弟弟妹妹，他觉得钢琴更亲近。

父亲之所以如此严苛，是有私心的。他希望能把贝多芬培养成像当时的莫扎特一样的天才少年，然后帮他赚钱。

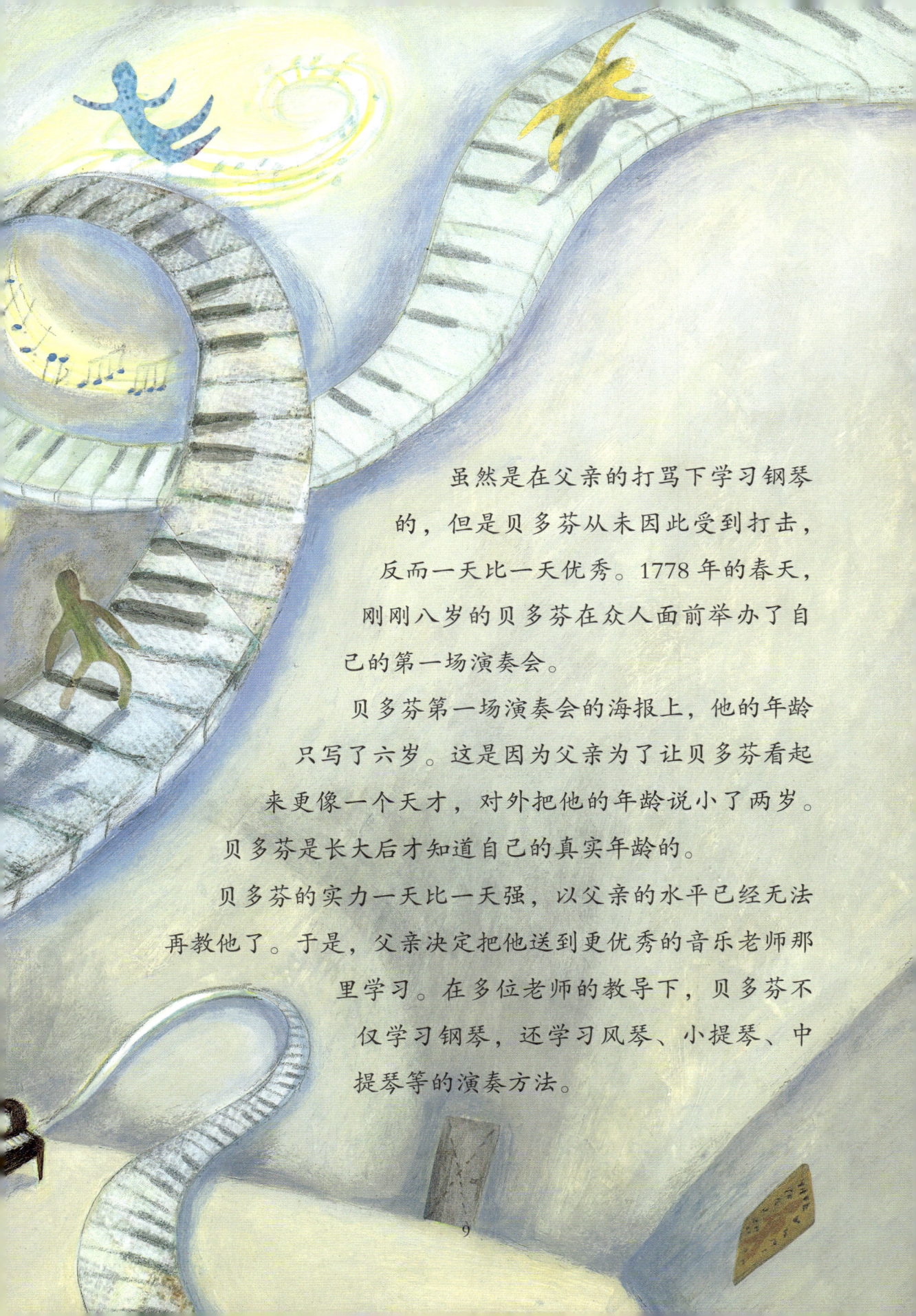

虽然是在父亲的打骂下学习钢琴的，但是贝多芬从未因此受到打击，反而一天比一天优秀。1778年的春天，刚刚八岁的贝多芬在众人面前举办了自己的第一场演奏会。

贝多芬第一场演奏会的海报上，他的年龄只写了六岁。这是因为父亲为了让贝多芬看起来更像一个天才，对外把他的年龄说小了两岁。贝多芬是长大后才知道自己的真实年龄的。

贝多芬的实力一天比一天强，以父亲的水平已经无法再教他了。于是，父亲决定把他送到更优秀的音乐老师那里学习。在多位老师的教导下，贝多芬不仅学习钢琴，还学习风琴、小提琴、中提琴等的演奏方法。

除此之外，他还学习编写乐谱及音乐理论，在这之前，他并没有系统性地学习过作曲，而教授贝多芬作曲的老师就是波恩著名的作曲家奈弗。

通过几轮考试后，奈弗老师收贝多芬做了自己的学生。他不仅认真教贝多芬钢琴和作曲，还带他了解莫扎特的音乐和其他国家的歌剧。

在奈弗老师的教授下，贝多芬的技艺日益精进，才能得到充分发挥。老师忙不过来时，他还会替老师到宫廷进行风琴演奏。十三岁时，他便成为成年人也很难加入的宫廷乐队的正式成员。

奈弗老师在众人面前指着自己的学生贝多芬说："大家等着瞧吧，这个孩子将会成为第二个莫扎特。"

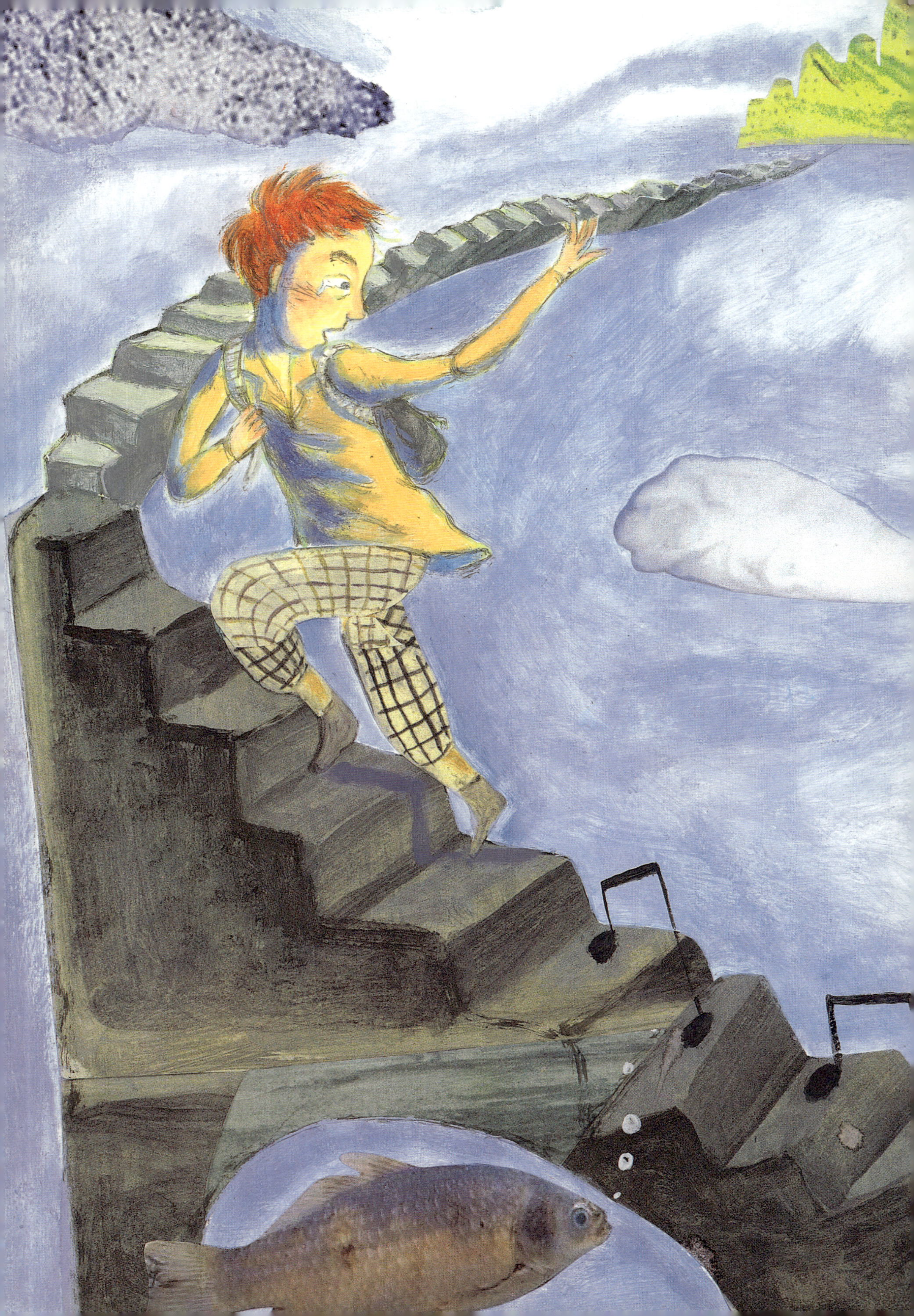

短暂的邂逅，永远的分别

贝多芬想离开波恩这个小城市，去更广阔的世界看看。

奈弗老师也认为，想要让贝多芬尽情发挥自己的音乐才能，必须要让他去跟莫扎特或海顿等顶级音乐家学习。如此一来，就得去维也纳留学。维也纳是欧洲各个国家著名音乐家会聚一堂的顶级音乐都市。

但是，贝多芬并没有足够的钱去留学，就连他靠弹钢琴赚到的那点儿钱也被父亲拿去买酒了，家里一贫如洗。

有一天，一个机会找上门——贵族们觉得贝多芬的才能不能就这么浪费，决定出资送他去维也纳留学。

贝多芬高兴得差点儿飞起来。但是，他一想到要离开母亲去留学，心情就变得非常沉重——当时他的母亲已经病了很多年了。

"你不用担心我，去留学吧。绝对不能错过这个好机会！你一定要完成爷爷的遗愿，成为一个优秀的音乐家。"

贝多芬收拾好行囊，坐着马车匆忙出发了，他不想让母亲看到自己的眼泪。

刚到维也纳，贝多芬就去拜访莫扎特了。当时三十一岁的莫扎特早已是名声在外的著名音乐家，不仅在维也纳，整个欧洲没有不认识他的。

第一次见到莫扎特，贝多芬只觉得他是一个木讷冷漠的人，但他没有丝毫犹豫，立即请求莫扎特收自己做他的学生。

"你要做我的学生？那么……"

莫扎特给了贝多芬一个主题，让他自由演奏。贝多芬立即坐在钢琴前，开始演奏。他的演奏如行云流水般自然，却又充满力量，很快他就沉浸在了钢琴旋律中，甚至忘记了莫扎特就坐在自己身边。

静静地倾听贝多芬演奏的莫扎特，慢慢开始震惊。演奏结束后，莫扎特一下子站起来，对聚集在隔壁房间的音乐家朋友们大声说道："各位，大家请记住这个年轻人，在不久的将来，他会成为震惊世界的人。"

贝多芬开心不已，因为他得到了自己无比尊敬的音乐家莫扎特的认可。

但是，贝多芬与莫扎特的缘分没有持续很久。有一天，贝多芬突然收到母亲病危的消息，不得不匆忙赶回了波恩。

贝多芬一直守在母亲的病床前，尽心尽力地看护，令他遗憾的是，最终还是没能留住母亲。母亲去世后，他的父亲更加嗜酒如命，对自己的孩子和整个家不闻不问。当时贝多芬只有十七岁，却不得不挑起养家的重担。

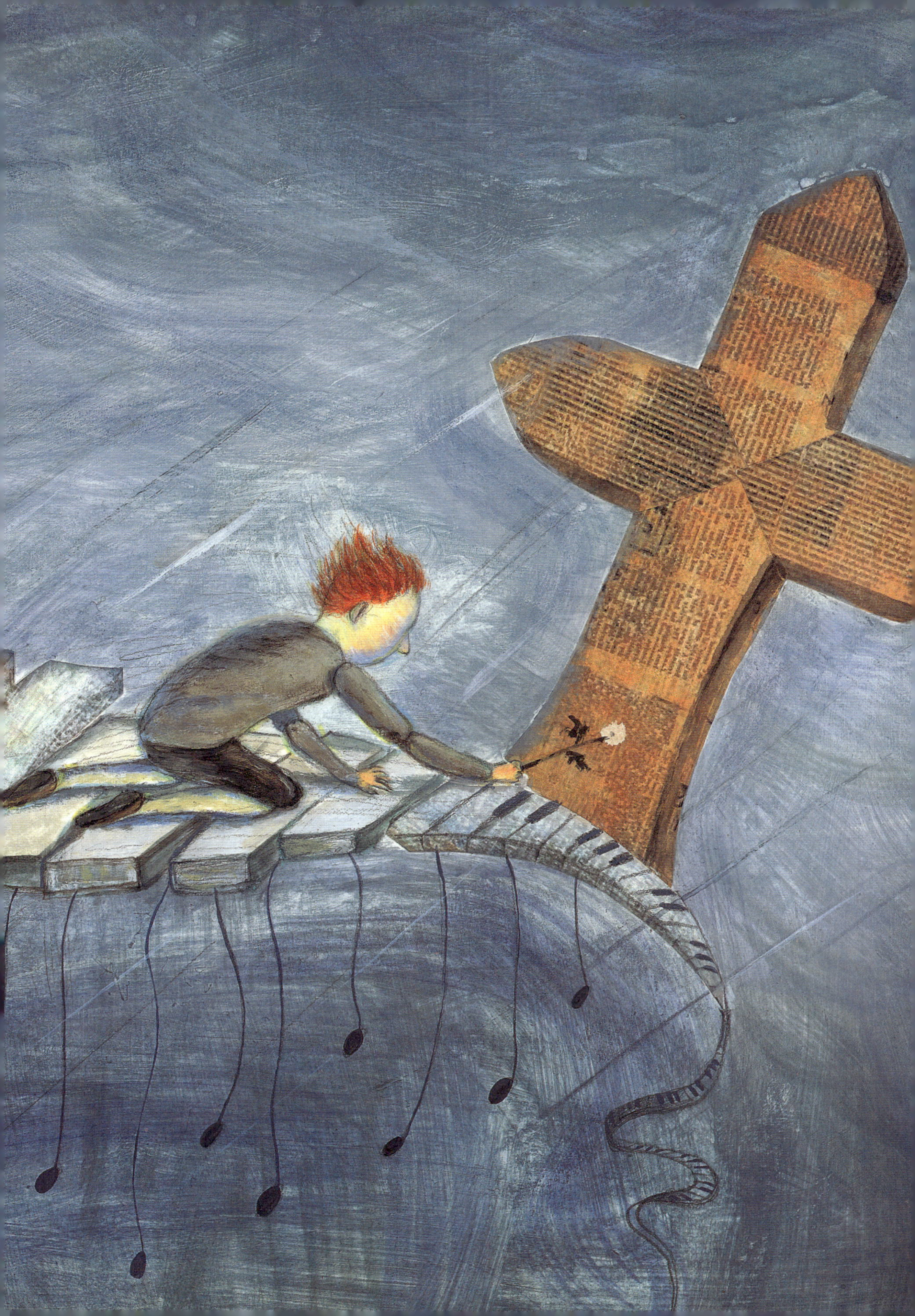

在音乐之都展翅高飞

贝多芬在维也纳留学时，结识了华尔斯坦伯爵。虽然华尔斯坦年长贝多芬九岁，但两个人却通过音乐成为至交。华尔斯坦每次听贝多芬演奏，都会被他感动，所以华尔斯坦不仅给贝多芬买钢琴，有时候还会给他生活费。

有一天，海顿结束了伦敦演奏之旅，来到了波恩。华尔斯坦为海顿举办了欢迎宴会，并把贝多芬介绍给他认识。贝多芬把自己作曲的《利奥波德康塔塔》的乐谱拿给海顿看，看了乐谱，海顿震惊不已。

"真是一首不错的曲子！像你这样的人才埋没在这个小城市太可惜了，你要不要跟我一起去维也纳？"

于是，1792年的冬天，二十二岁的贝多芬再次来到了维也纳，这时莫扎特已经去世一年了。贝多芬这次离开故乡就再也没有回去。到维也纳一个月后，他收到了父亲去世的消息，但是没能赶回家参加葬礼。

在维也纳，贝多芬租了一间阁楼，每天都认真地向海顿学习作曲，可海顿太忙了，根本没有时间静下心来教他。原本怀着激动的心情来到维也纳的贝多芬，越来越失望。

康塔塔
十七八世纪巴洛克时代流行的一种声乐套曲。最先出现在意大利，慢慢发展成为德国的教会音乐，其中德国作曲家巴赫的作品最为有名。贝多芬在1790年创作了《利奥波德康塔塔》，但由于曲子太难，不是经常演奏的曲目。

实在没办法，贝多芬只好去其他地方学习音乐。虽然那些音乐家不如海顿有名，但他学到了很多东西。

华尔斯坦伯爵听说贝多芬在维也纳过得并不好，又介绍他认识了利赫诺夫斯基。利赫诺夫斯基是维也纳小有名气的贵族，同时也是一个非常热爱音乐的人，他一下子就看到了贝多芬与众不同的才华，于是就干脆邀请他来自己家里生活。

贝多芬在利赫诺夫斯基的帮助下，两年后在维也纳布格剧院举办了第一场演奏会。他在演奏会上演奏了自己创作的钢琴曲。据说他因为整日忙着准备演奏会，紧张到肚子疼。

贝多芬的第一场演奏会取得了巨大的成功。这之后，人们开始称贝多芬为"钢琴魔法师"。在莫扎特去世之后，维也纳也出现了众多有着雄厚演奏实力的钢琴家，但没有一个钢琴家像贝多芬那样，能用充满热情活力的演奏抓住听众的心。

贝多芬的每一次演奏会，都能收获很好的反响，很多人一边听他演奏，一边默默流泪。在维也纳，大街小巷都有贝多芬的故事。贝多芬的名气越来越大，这引起了那些自认为是维也纳顶级音乐家的人的嫉妒。

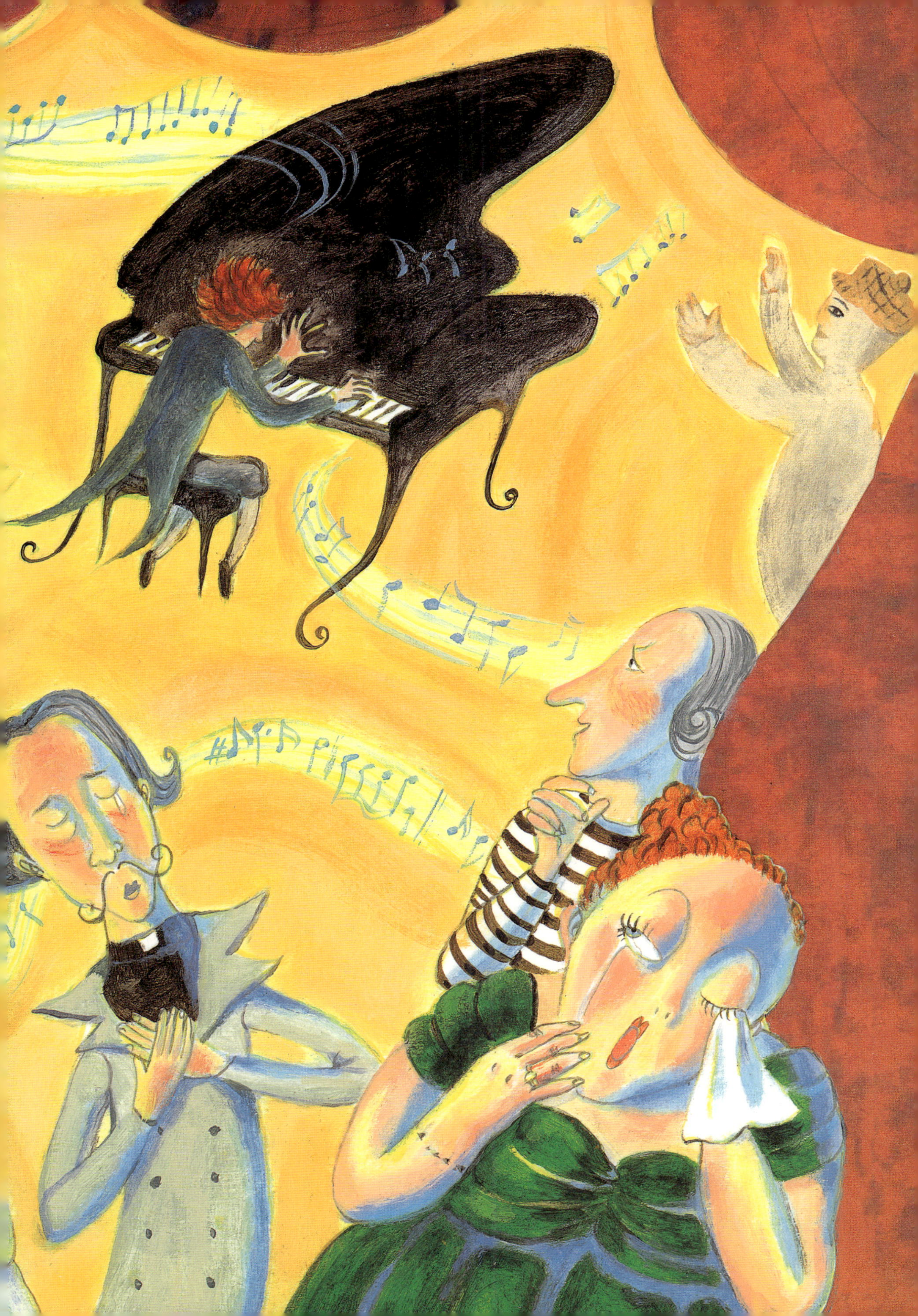

当时，维也纳有个名叫丹尼尔·斯泰贝尔特的钢琴家，他早已名声在外，人们都把他看作是能与贝多芬一决高下的高手。于是，斯泰贝尔特向贝多芬下了战书，他们两个人决定在某个贵族的别墅里展开一场钢琴演奏对决。

斯泰贝尔特把自己创作的新乐谱放在钢琴上，开始演奏。他的钢琴演奏实力果然名不虚传，演奏出的曲子就像鸟儿在天上飞，鱼儿在水里游一样，美妙又轻快。他的手指每触碰钢琴键盘一次，人们都会忍不住发出感叹。

接下来该贝多芬演奏了。他慢慢坐下，一边从后往前翻斯泰贝尔特的乐谱，一边开始弹奏。当然，这是贝多芬第一次看到这个乐谱。

听到贝多芬的演奏，人们瞬间明白了，他用完全不同的方式对斯泰贝尔特的曲子进行了诠释。他的演奏，满满的都是斯泰贝尔特演奏中没有的感动。如果说斯泰贝尔特的手指让人们的耳朵得到了快乐，那么贝多芬的手指则触动了人们的内心。

贝多芬演奏结束时，斯泰贝尔特已经离开了，自此他再也没有出现在贝多芬面前。这件事情之后，贝多芬成了音乐之都维也纳首屈一指的钢琴家。

但是，作为一个作曲家，贝多芬还只是处在蹒跚学步的水平。因为他还停留在模仿伟大作曲家莫扎特、海顿等前辈的阶段，他很想拥有独属于自己的音乐风格。

有了名气，生活也逐步安定了，贝多芬把自己的弟弟卡尔和约翰接到了维也纳，不仅给他们置办了房子，还为他们找了份工作。

贝多芬开始全心全意地投入到作曲和演奏活动中。有一天，他突然感到耳朵有些异常。

"这是怎么了？难道是我的耳朵出问题了？"

正在一边弹奏钢琴一边作曲的贝多芬，疑惑地摇了摇头。从刚才开始，他的耳朵就时不时听到奇怪的声音，感觉钢琴的声音也越来越小。

贝多芬的肠胃一直不太好，从几年前开始，肚子不适时还会出现发烧的症状，每当这时他都会感到耳朵里有嗡嗡的声音，但他并没有觉得那是什么严重的问题。可是，这次耳朵里嗡嗡的声音尤其大，听到的钢琴声弱弱的，几乎都听不见了。

贝多芬有一种不祥的预感，他害怕自己会听不到声音。

二十七岁，年轻有为的钢琴家贝多芬，刚刚想在自己的音乐世界里展翅高飞。这突如其来的变故对他来说，简直就是晴天霹雳。

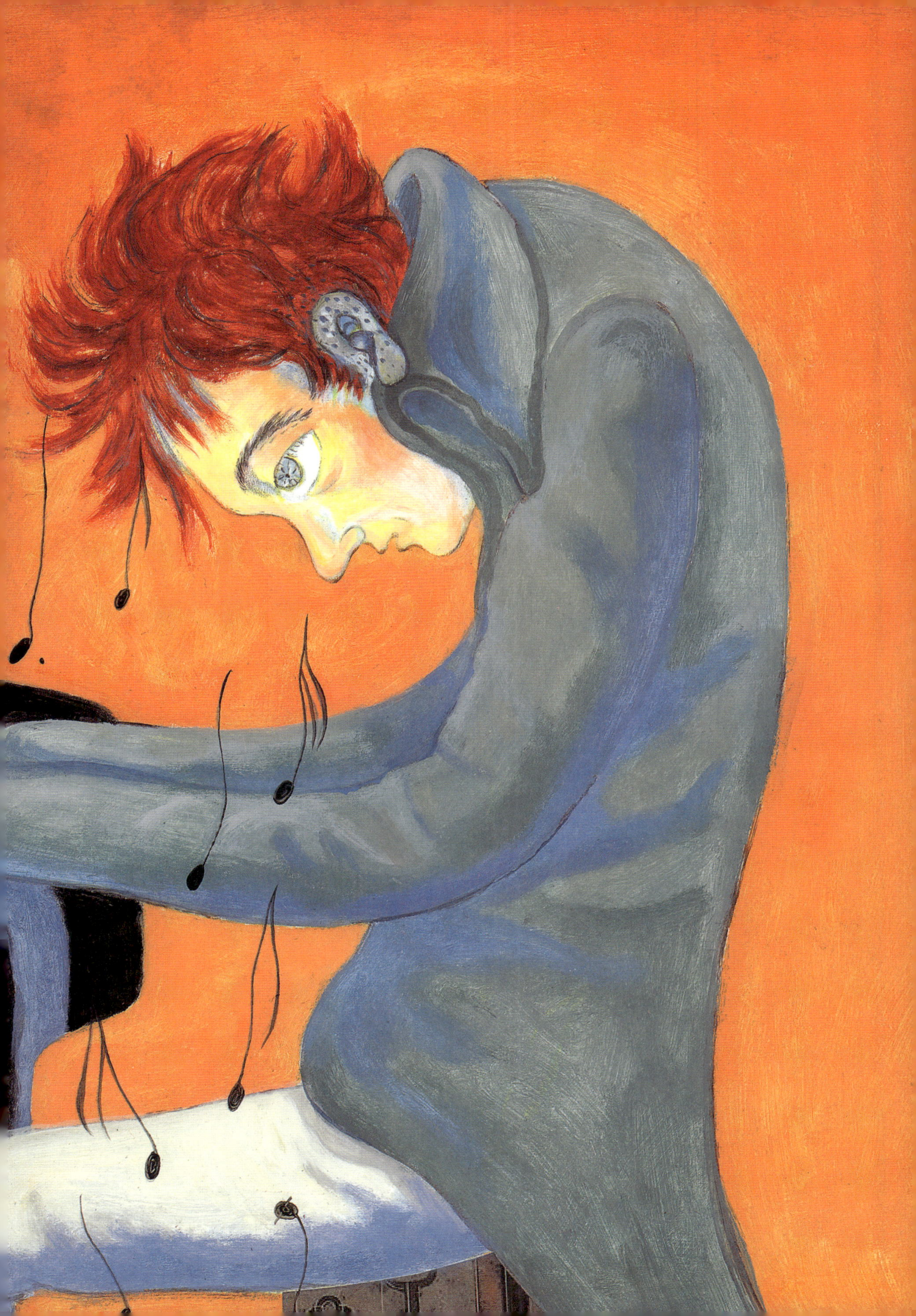

慢慢靠近的黑色影子

为了治好耳疾，贝多芬瞒着大家找各种名医治疗。有的医生说只要按时吃药就会痊愈，有的医生说常用温水沐浴就会痊愈，还有的医生说只要把他研制的神秘药丸塞进耳朵里就能痊愈。

贝多芬按照医生的方法，全都尝试了一遍。但耳朵没有任何好转，反而随着时间推移，他越来越听不见了。

"为什么偏偏是我得了这种病呢？"

"只要能够治好这该死的耳疾，我就一定能够尽情地去实现梦想……"

贝多芬痛苦地挣扎着，一想到自己可能会变成永远都听不见声音的聋子，他就陷入了无尽的绝望。

人们对这一切毫不知情，像往常一样来找贝多芬，要么让他帮忙创作新曲子，要么邀请他参加演奏会。

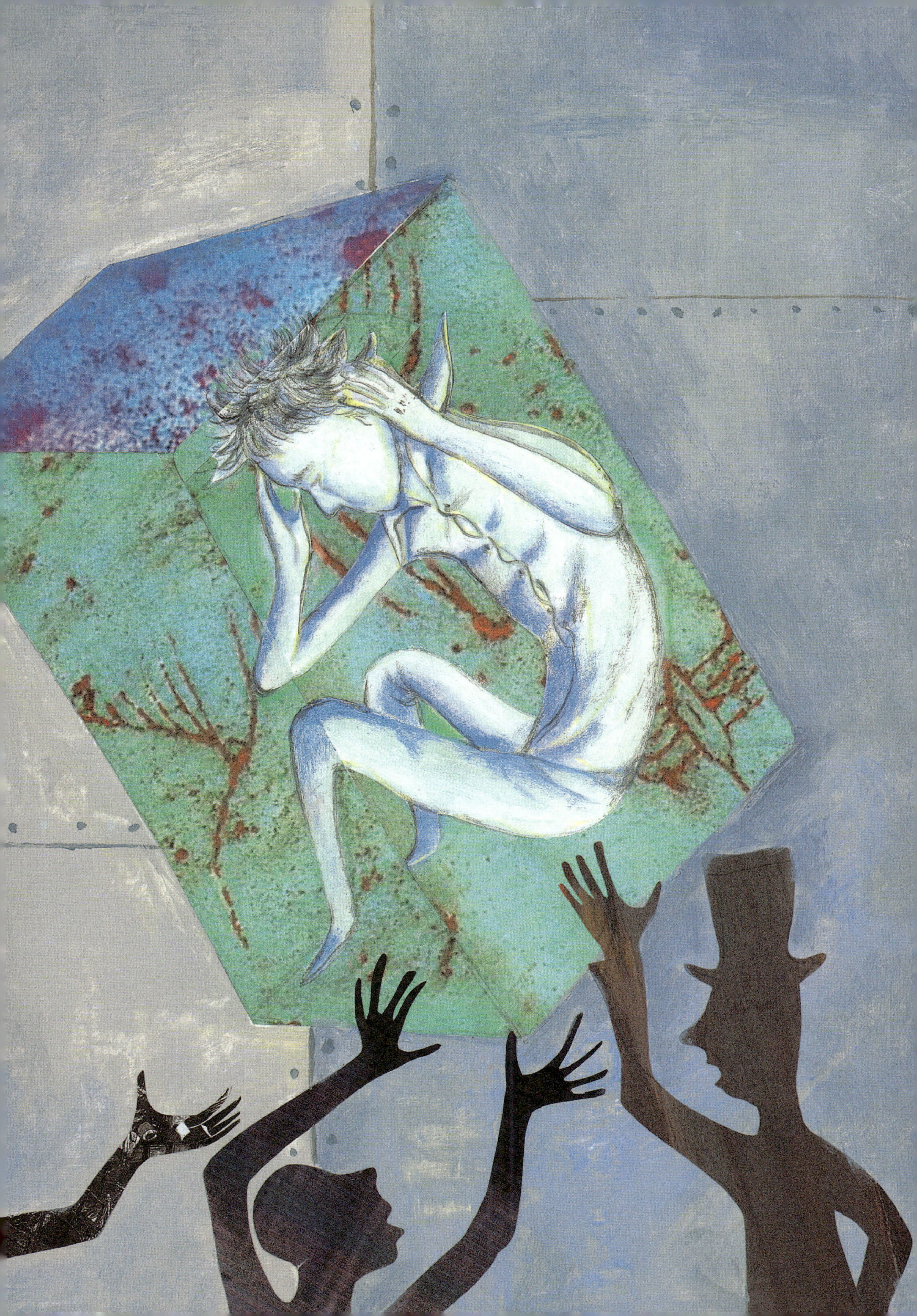

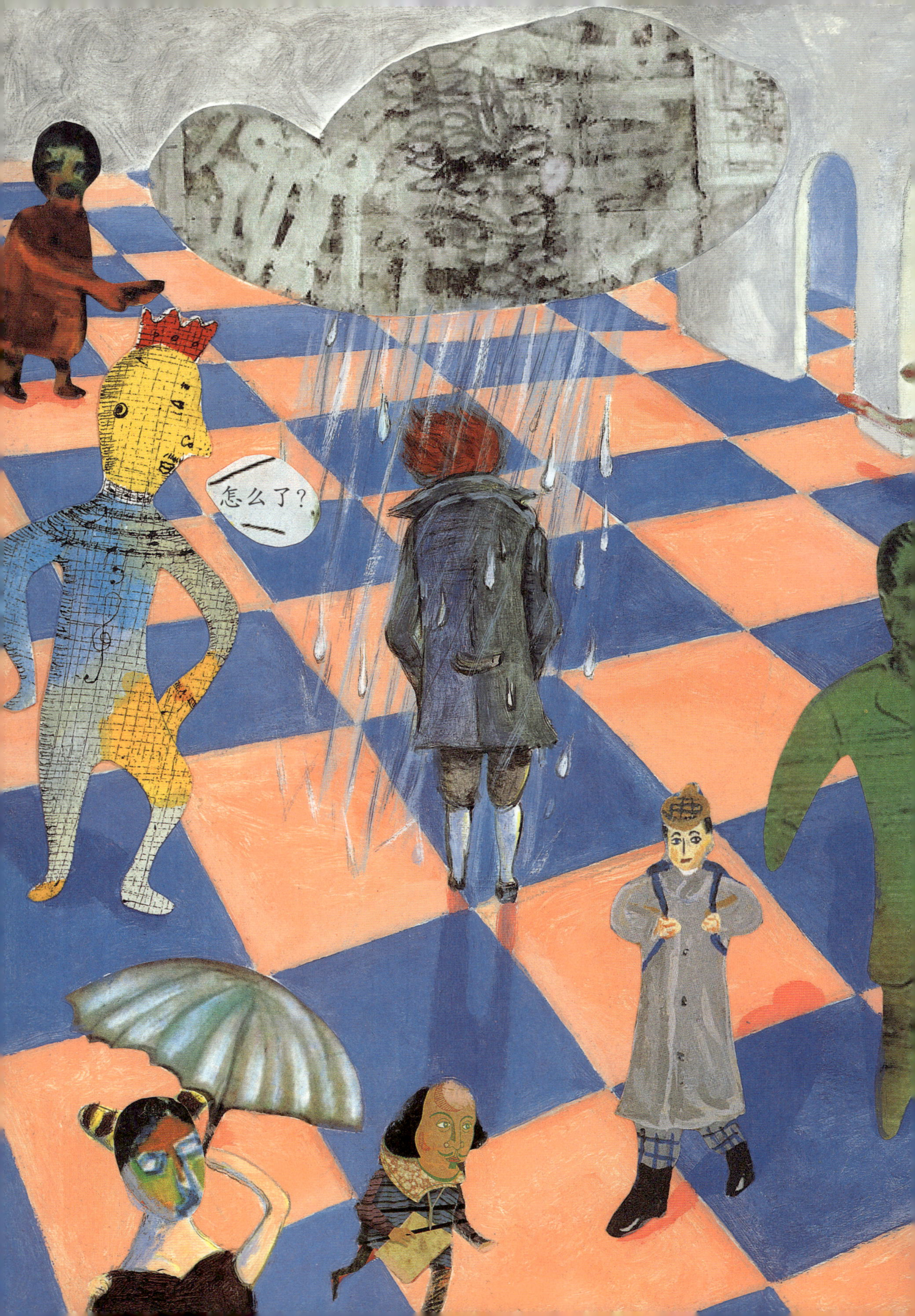
怎么了？

自尊心很强的贝多芬，不想让人们知道自己有耳疾，慢慢地，他就不愿意跟人们来往了。一些不明真相的人开始在背后诋毁他。

"贝多芬真是一个老顽固。"

"对呀，根本不听别人的意见，随心所欲。"

从贝多芬写给朋友维格勒的信中，就能知道那时他有多么心痛。

最近，很多出版社都邀请我创作新曲子，只要说是我的曲子，就可以坐地起价，轻松卖出。我知道他们都在背地里打着自己的小算盘。

随着时间的流逝，我的耳疾越来越严重了，耳朵里昼夜不停地嗡嗡作响。

在过去的两年里，我不再去人们聚集的地方，我不想亲口告诉大家"我是一个聋子"！

希望你不要把我有耳疾的事情告诉任何人，包括你的妻子。

最终，贝多芬离开了拥挤喧闹的城市，来到了一个美丽安静的小乡村——海利根施塔特。他认为，或许在干净的空气和溪水，以及自然声音的净化下，耳疾会有所好转。

有一天，贝多芬的学生里斯来海利根施塔特找他。当然，里斯并不知道贝多芬的耳朵快要听不见了。

他们一起出门散步，走进一条幽静的林间小道，远处传来一阵动听的鸟叫声。里斯无心地说："老师，是不是很动听？感觉比任何乐器都好听。"

贝多芬没有回答，依然慢慢地向前走着。里斯提高了声音，又说了一遍："老师，鸟叫声是不是很动听呀？"

"什么？你是不是跟我说了什么？"

"我说鸟叫声很动听！"

里斯靠近贝多芬的耳朵，用力地大喊。

"嗯……这个呀……我刚才在思考旋律……"

贝多芬含糊其词地掩盖了过去，里斯感觉有些奇怪，疑惑地摇了摇头。

里斯走后，独自一人的贝多芬脸色异常阴郁。

"一个音乐家失去了听觉，就相当于失去了音乐本身。在没有音乐的世界里生活，还不如让我死去。我没有继续活下去的理由了。"

于是，贝多芬给两个弟弟写了一封遗书。

在遗书中，贝多芬把自己因为耳朵渐渐听不见而感受到的痛苦，以及独自无声的挣扎都表达了出来。

若不是实在无法忍受，他怎么会想到尽快死去来摆脱这可怕的痛苦呢？

好在贝多芬并没有一直沉浸在绝望中不可自拔,他内心深处,传来了另一个声音。

"你还有很多事情没做,给这个世界留下一些伟大的音乐吧!留下可以战胜残疾、超越死亡的伟大音乐吧!"

说不定那并不是贝多芬内心的声音,而是上帝的声音。

贝多芬重新回到维也纳,再次拿起了笔。继两年前发表了第一交响曲后,又发表了第二交响曲。

第二交响曲充满了人生的快乐和活力。在听这首交响曲时,人们可以感受到重生的贝多芬。一位名叫罗曼·罗兰的诗人曾经这样评价第二交响曲:"这首曲子非常欢快,充满了希望。其中还隐藏着贝多芬想让大家快乐的心意和'可以做到'的自信。"

摆脱了绝望的贝多芬,开始书写自己人生的新篇章。

耳疾让贝多芬作曲时有些不方便,但并没有完全影响他。说不定正是因为这个原因,贝多芬才得以全心全意地投入创作中——因为身体的耳朵关上后,心灵的耳朵就会敞开。虽然贝多芬的耳疾越来越严重,但是他的音乐却越来越有深度,越来越美好。

第二交响曲

　　1803年4月5日，第一次在维也纳演奏这首曲子。贝多芬给这首曲子起了一个名字，叫"谐谑曲"，表示诙谐、快速、轻快的意思。他把这首曲子送给了一直帮助自己的利赫诺夫斯基。

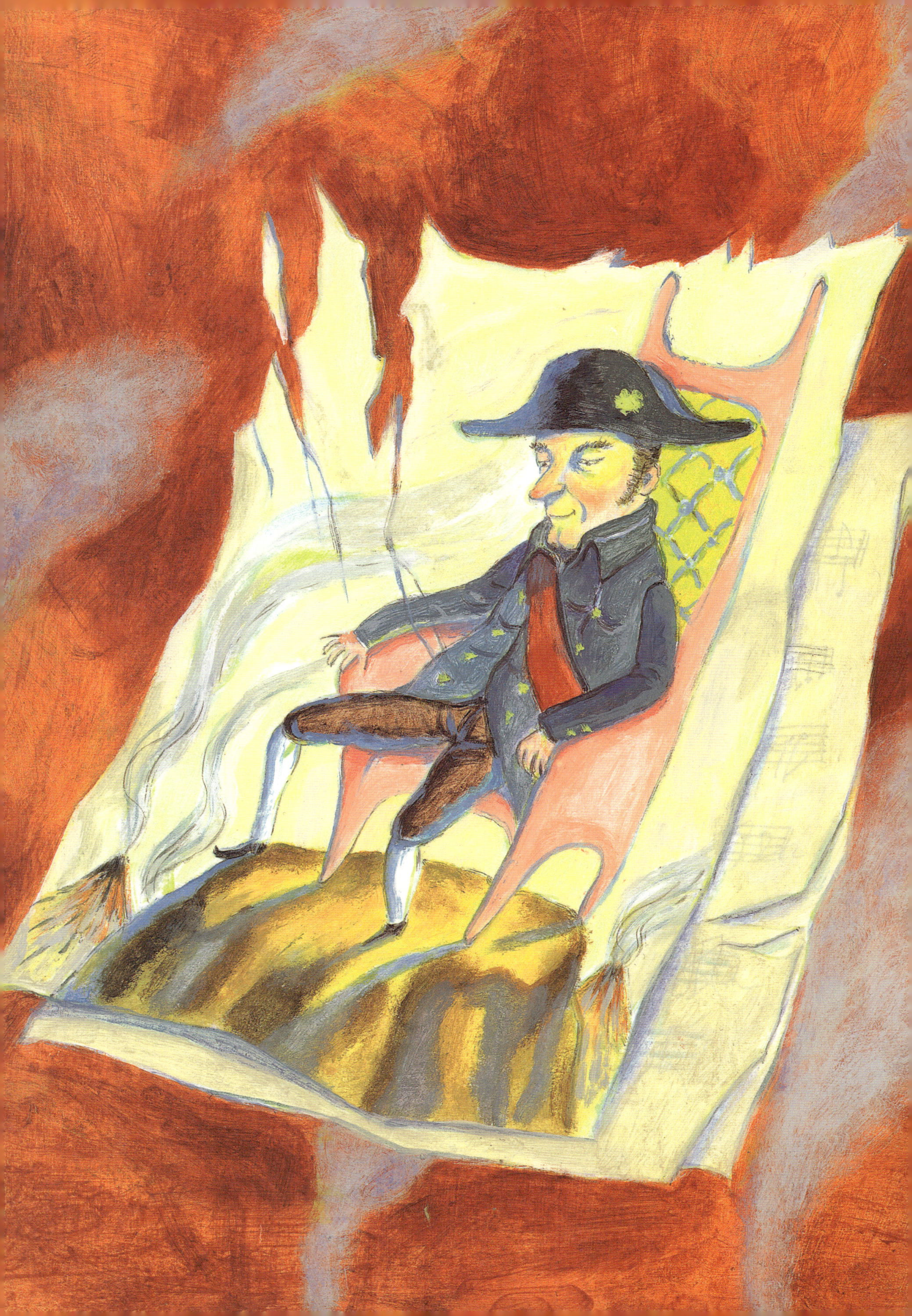

所有人都一样珍贵

贝多芬听说法国爆发了拿破仑战争。拿破仑出身于地中海科西嘉岛上的一个贫苦贵族家庭，他发动战争，把折磨百姓的法国皇帝和贵族赶下了政坛。

贝多芬出身于平民家庭，有些贵族对他很亲切，但大部分贵族都看不起他，从未尊重过他。即使是喜欢贝多芬音乐的贵族，在听说贝多芬想与自己的女儿结婚时，也会立即冷脸相待。

贝多芬的心灵因此也受到了不少打击，他在钢琴曲《致爱丽丝》中，也流露了这种心情。这首曲子区别于贝多芬其他的音乐风格，曲风带有甜蜜舒适的感觉，表达了贝多芬因为身份差异而没能实现的爱情故事。

贝多芬认为，无论贵族还是平民，都是同样珍贵的人。因此，为了所有人的自由、和平而斗争的拿破仑，在贝多芬心中就是一个了不起的大英雄。他决定为拿破仑写一首曲子。

1804年春，贝多芬完成了为拿破仑而谱写的一首交响曲《英雄》，这就是他的第三交响曲。贝多芬在封面上写下了"献给拿破仑·波拿巴"的题词。可是几天后，传来了拿破仑登上皇位的消息，贝多芬愤怒不已。

"拿破仑也是贪图权位的，我原以为他是为了百姓而斗争，没想到还是做了皇帝。"

贝多芬生气地撕掉了交响曲的封面，从此他也开始讨厌拿破仑了。

第三交响曲《英雄》

第三交响曲《英雄》与之前的交响曲相比，在音乐方面有了很大发展。曲子的规模变大，风格上也逐渐脱离海顿和莫扎特，个人特点越来越明显。

第三交响曲乐谱

第五交响曲《命运》

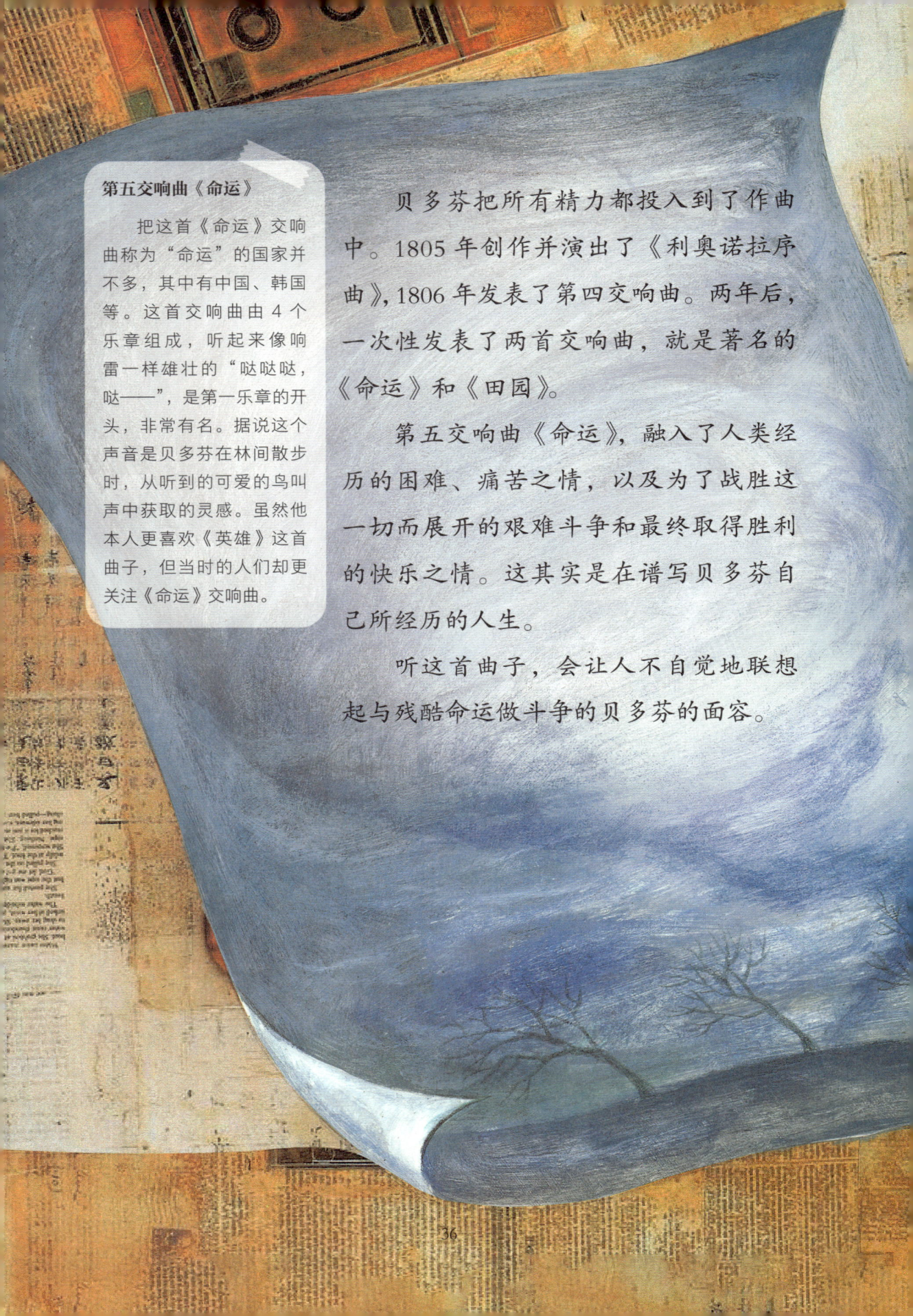

把这首《命运》交响曲称为"命运"的国家并不多，其中有中国、韩国等。这首交响曲由4个乐章组成，听起来像响雷一样雄壮的"哒哒哒，哒——"，是第一乐章的开头，非常有名。据说这个声音是贝多芬在林间散步时，从听到的可爱的鸟叫声中获取的灵感。虽然他本人更喜欢《英雄》这首曲子，但当时的人们却更关注《命运》交响曲。

贝多芬把所有精力都投入到了作曲中。1805年创作并演出了《利奥诺拉序曲》，1806年发表了第四交响曲。两年后，一次性发表了两首交响曲，就是著名的《命运》和《田园》。

第五交响曲《命运》，融入了人类经历的困难、痛苦之情，以及为了战胜这一切而展开的艰难斗争和最终取得胜利的快乐之情。这其实是在谱写贝多芬自己所经历的人生。

听这首曲子，会让人不自觉地联想起与残酷命运做斗争的贝多芬的面容。

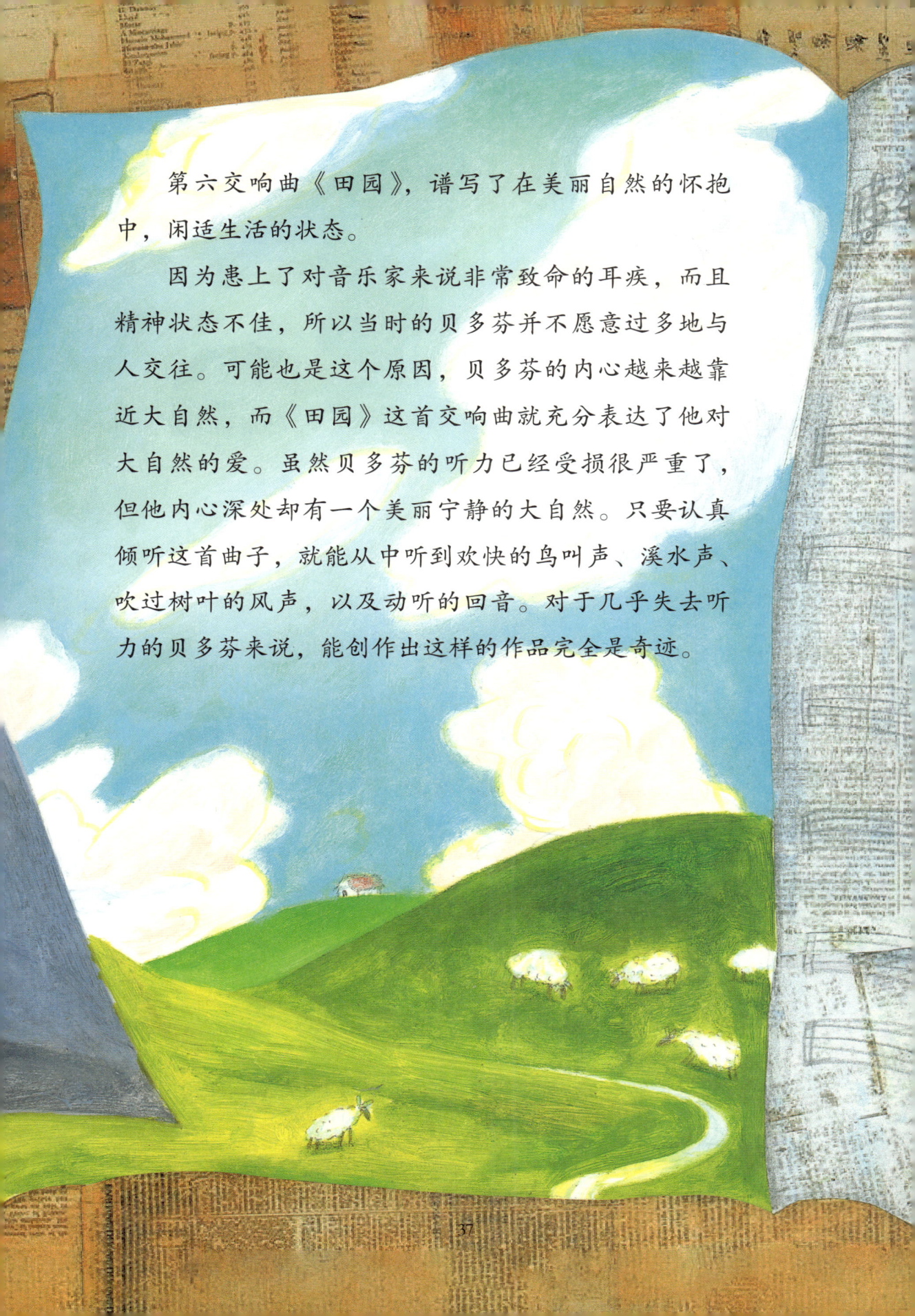

第六交响曲《田园》，谱写了在美丽自然的怀抱中，闲适生活的状态。

　　因为患上了对音乐家来说非常致命的耳疾，而且精神状态不佳，所以当时的贝多芬并不愿意过多地与人交往。可能也是这个原因，贝多芬的内心越来越靠近大自然，而《田园》这首交响曲就充分表达了他对大自然的爱。虽然贝多芬的听力已经受损很严重了，但他内心深处却有一个美丽宁静的大自然。只要认真倾听这首曲子，就能从中听到欢快的鸟叫声、溪水声、吹过树叶的风声，以及动听的回音。对于几乎失去听力的贝多芬来说，能创作出这样的作品完全是奇迹。

1812年的夏天，贝多芬暂时离开了维也纳，来到了波西米亚的温泉小镇。在这个小镇上，他遇到了诗人歌德。

歌德是德国人敬仰的诗人。贝多芬曾经根据歌德的悲剧《埃格蒙特》作了一首曲子，可见他对歌德的关注程度有多高。歌德也是如此，他听了贝多芬的交响曲《命运》后，做出了高度评价——"让我觉得天花板好像马上要塌了一样"。

他们两个人都想见对方一面，但见面后，他们并不是很聊得来。虽然其中一个原因是贝多芬的听力受损，但主要原因还是两个人的思想相差甚远。

有一次，他们正在散步，王公贵族乘坐的马车刚好经过。歌德立即摘下帽子，向马车鞠躬致敬，但贝多芬却故意压低了帽子，背着手，一动不动地站在原地。反而是王公贵族认出了贝多芬，先摘下帽子向他打招呼。

埃格蒙特

埃格蒙特是荷兰独立军的领袖，为了守护祖国，与西班牙军队做斗争，最后被处死。歌德以埃格蒙特的一生为主题，创作了5幕剧本《埃格蒙特》。贝多芬读后深受感动，于1810年为《埃格蒙特》谱写了曲子。

歌德一直弯着腰，直到马车驶远。

待马车消失在远处后，贝多芬一脸不满地对歌德说："你为什么要这样卑躬屈膝？"

"我不是卑躬屈膝，而是对王公贵族的礼仪。"

"礼仪？他们应该先对我们这些艺术家行礼才对，我们怎么能先对他们低头呢？"

"你真是不懂礼仪，王公贵族与我们是不同身份的高贵的人。"

"看来是我看错了人，我竟然以为这个对王公贵族卑躬屈膝的人是伟大的艺术家。"

贝多芬认为伟大的艺术家要比王公贵族地位更高，更应该受到尊敬。从那以后，贝多芬和歌德两个人渐渐疏远了。

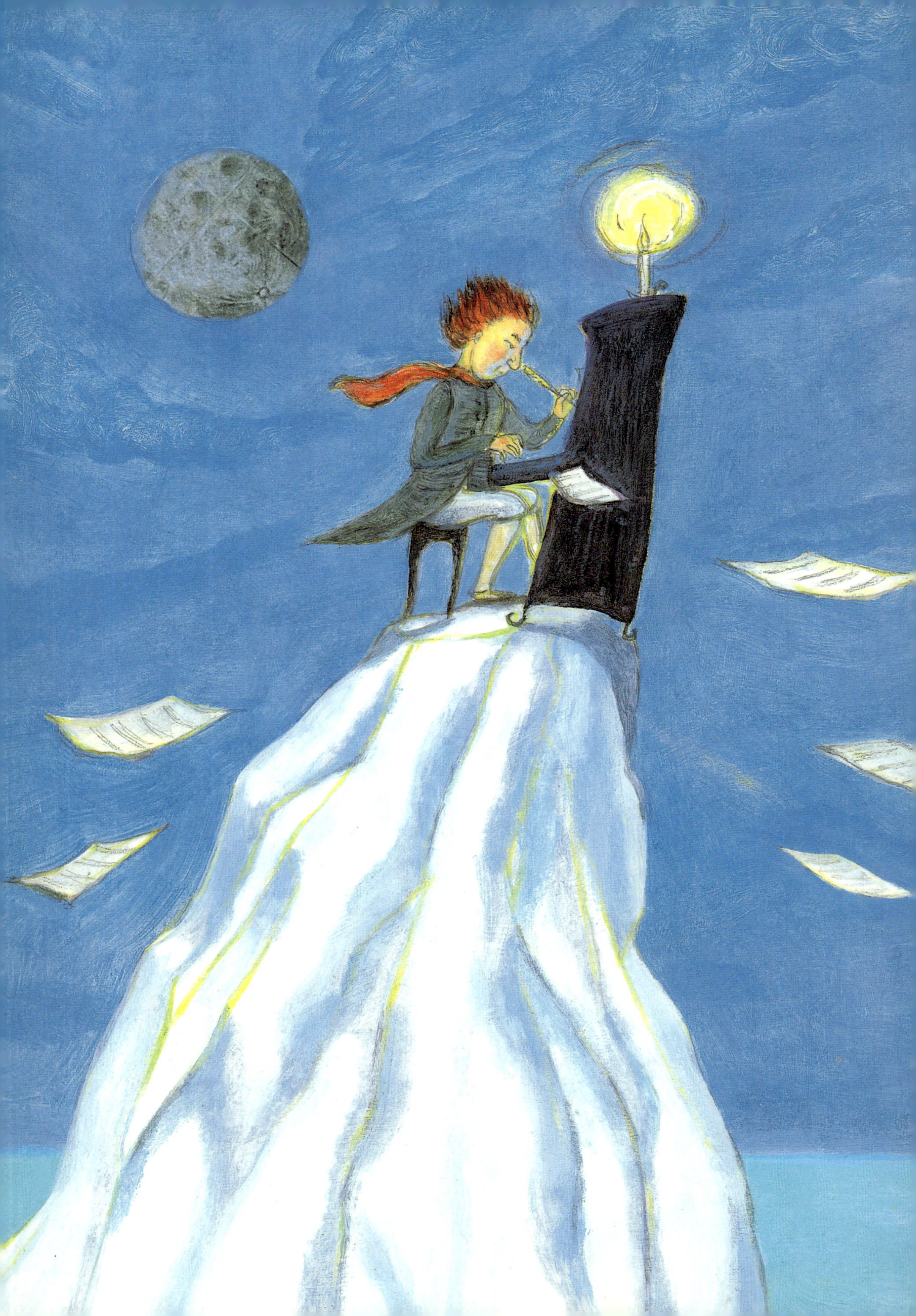

任何困难都无法打败他

回到维也纳，贝多芬发表了两首在温泉小镇创作的交响曲，依然得到了大家狂热的追捧。

在之后的十二年里，贝多芬再也没有发表过新的交响曲，这也许是为发表最后的交响曲而留出来的准备时间。即便如此，贝多芬也没有完全放下手中的笔。

1813年的夏天，听说了英国的威灵顿将军大败拿破仑军队后，贝多芬立即创作了《威灵顿的胜利》。接着在1814年创作了激起德国人民爱国心的《光荣的时刻》。1815年，拿破仑军队完全溃败，贝多芬又发表了《全都实现》。像这种根据时局发表的作品，让贝多芬收获了巨大人气。

但是，还有让人悲伤的事在等着贝多芬。

第七交响曲和第八交响曲

贝多芬在温泉小镇停留期间创作的两首曲子分别是第七交响曲和第八交响曲。贝多芬将第七交响曲称为"大交响曲"，将第八交响曲称为"小交响曲"，人们把这两首曲子合起来叫"双胞胎交响曲"。

喜爱贝多芬音乐、给贝多芬提供生活帮助的贵族，一个个离开了这个世界，这让贝多芬的生活越来越捉襟见肘。再加上为了抚养唯一的侄子卡尔，他还卷入了难缠的官司。卡尔的母亲经常外出，根本就无心照看儿子。贝多芬赢了官司，把卡尔带到自己家里，当作亲儿子一样对待，他还让自己的学生车尔尼教卡尔学习音乐知识，可卡尔却一直给贝多芬惹麻烦。

　　这时，一个名叫罗西尼的年轻音乐家，引起了维也纳人的关注。人们纷纷被罗西尼演奏的《坦克雷迪》《意大利女郎在阿尔及尔》《塞维利亚的理发师》等陌生而新鲜的音乐吸引了。

维也纳甚至出现了一些人，他们认为贝多芬不过是一个只知道摆架子的老头儿。

雪上加霜的是，贝多芬的耳朵完全失聪了。如果想跟其他人交流，需要在纸上写，他一直在口袋里准备着笔记本和笔。现在，德国的柏林图书馆里还保存着贝多芬使用过的136个笔记本，是贝多芬从1816年开始一直用到去世的笔记本。

1822年，贝多芬年过五十了，不得不放下手中的指挥棒。

歌剧《费德里奥》公演前总彩排时，贝多芬主动站出来做指挥。但是，与乐团和歌手配合得并不好，因为贝多芬根本听不见他们弹奏的声音。没办法，他只好凄凉地离开了。

歌剧《费德里奥》

《费德里奥》是贝多芬留下的唯一一部歌剧，这部歌剧倾注了他大量心血，从开始创作到完成历时十多年，前前后后一共修改了三次。歌剧主要讲述了一个勇敢的女人利奥诺拉为了营救蒙冤的丈夫，女扮男装，化名费德里奥混入监狱救丈夫的故事。

歌剧《费德里奥》的一个场景

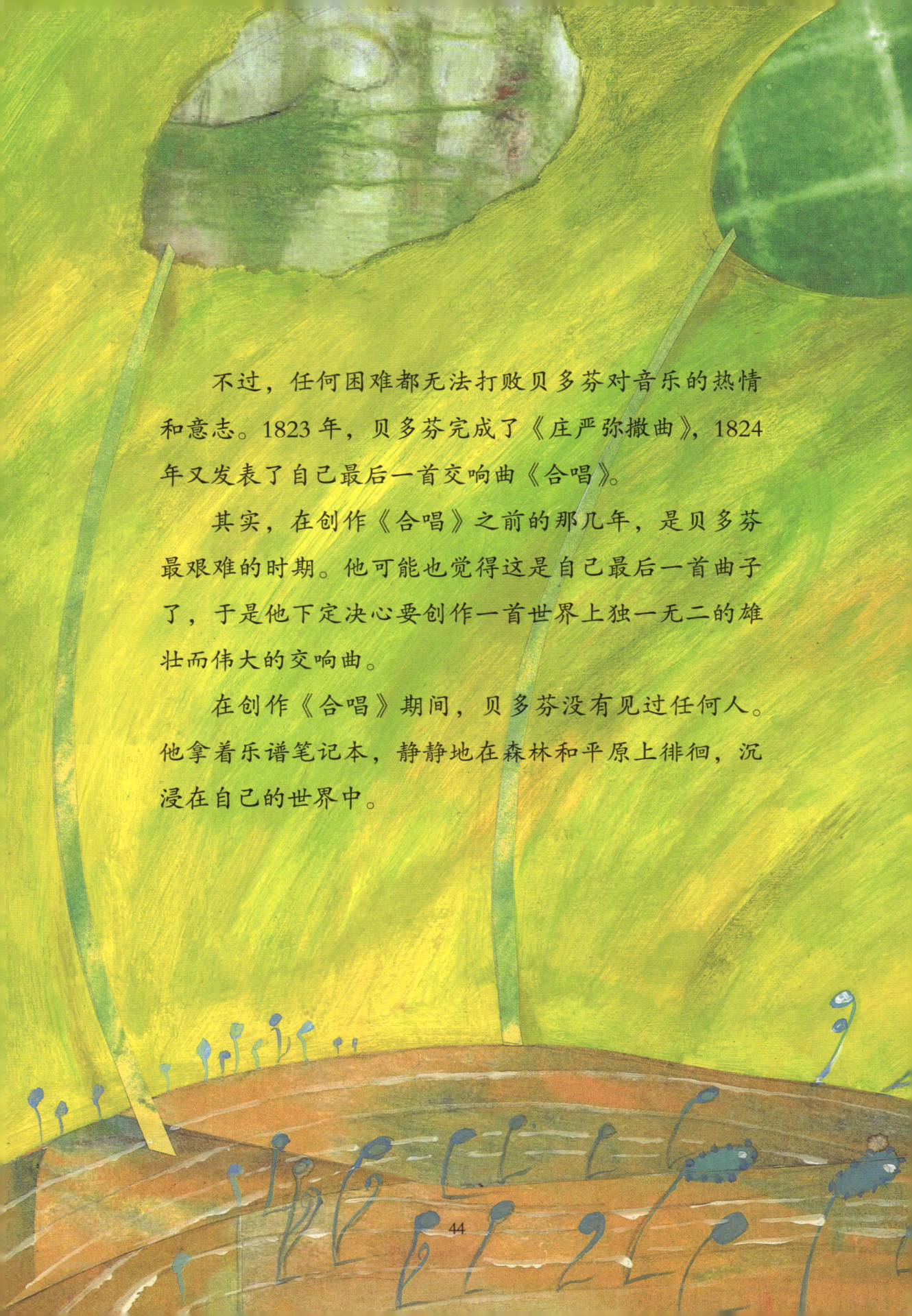

不过，任何困难都无法打败贝多芬对音乐的热情和意志。1823年，贝多芬完成了《庄严弥撒曲》，1824年又发表了自己最后一首交响曲《合唱》。

其实，在创作《合唱》之前的那几年，是贝多芬最艰难的时期。他可能也觉得这是自己最后一首曲子了，于是他下定决心要创作一首世界上独一无二的雄壮而伟大的交响曲。

在创作《合唱》期间，贝多芬没有见过任何人。他拿着乐谱笔记本，静静地在森林和平原上徘徊，沉浸在自己的世界中。

贝多芬常常忙得废寝忘食，很多时候还会把帽子落在外面，他把自己对音乐的爱全部倾注到了这首曲子中。

"优秀的人最大的特点就是能够忍受并战胜不幸和悲惨的处境。"

这是贝多芬写在笔记本上的话，他一直在努力地战胜一切困苦。如果贝多芬出生在一个富裕的家庭，如果他没有遭受耳疾的折磨，可能就无法创作出《合唱》这样伟大的作品了。

第九交响曲《合唱》

《合唱》是贝多芬倾注了对音乐所有的爱而创作出的作品。里面有以德国诗人席勒的《欢乐颂》为基础而创作的独唱和合唱，像这样在交响曲中加入声乐，是一个非常新颖而惊人的创作。

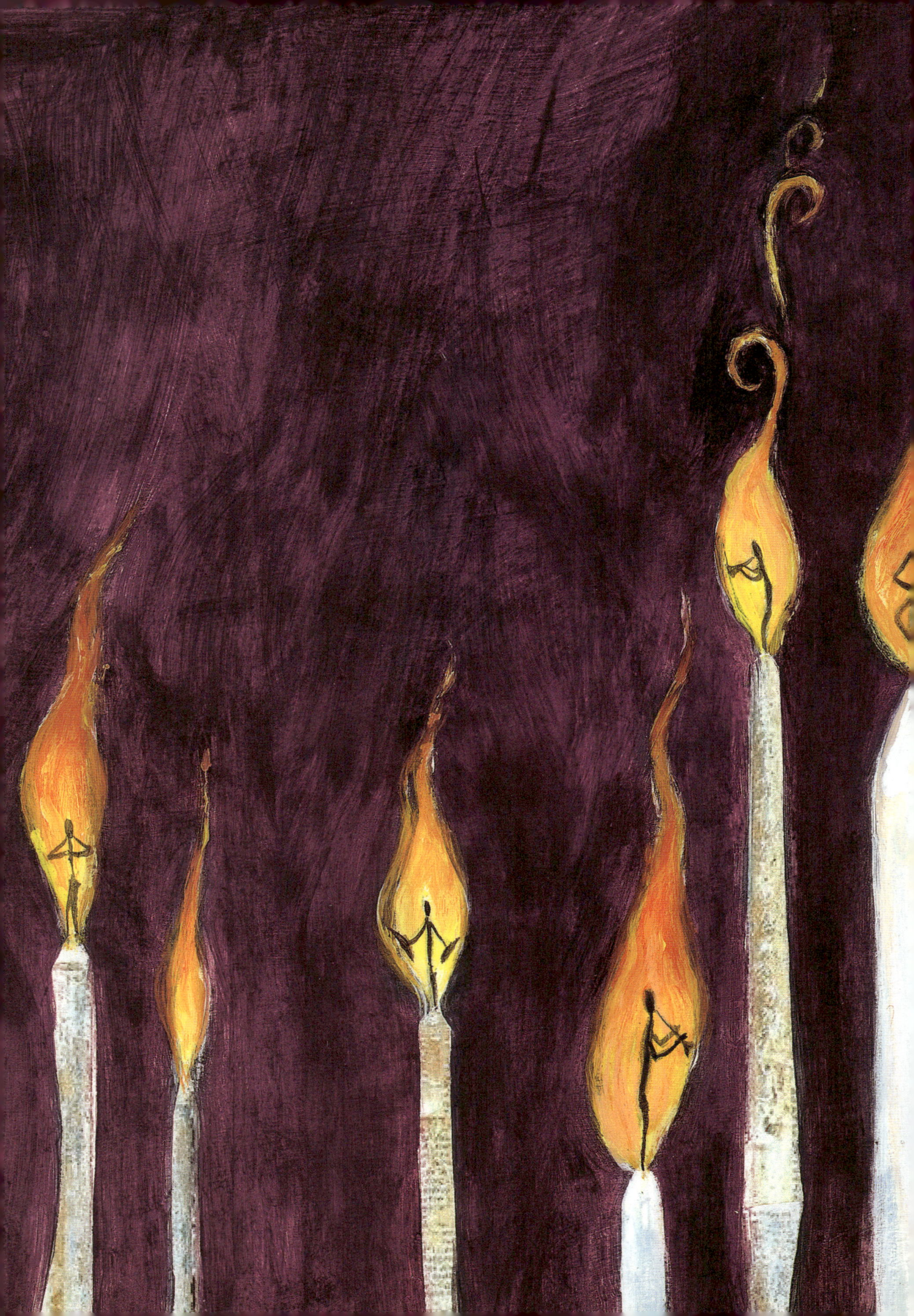

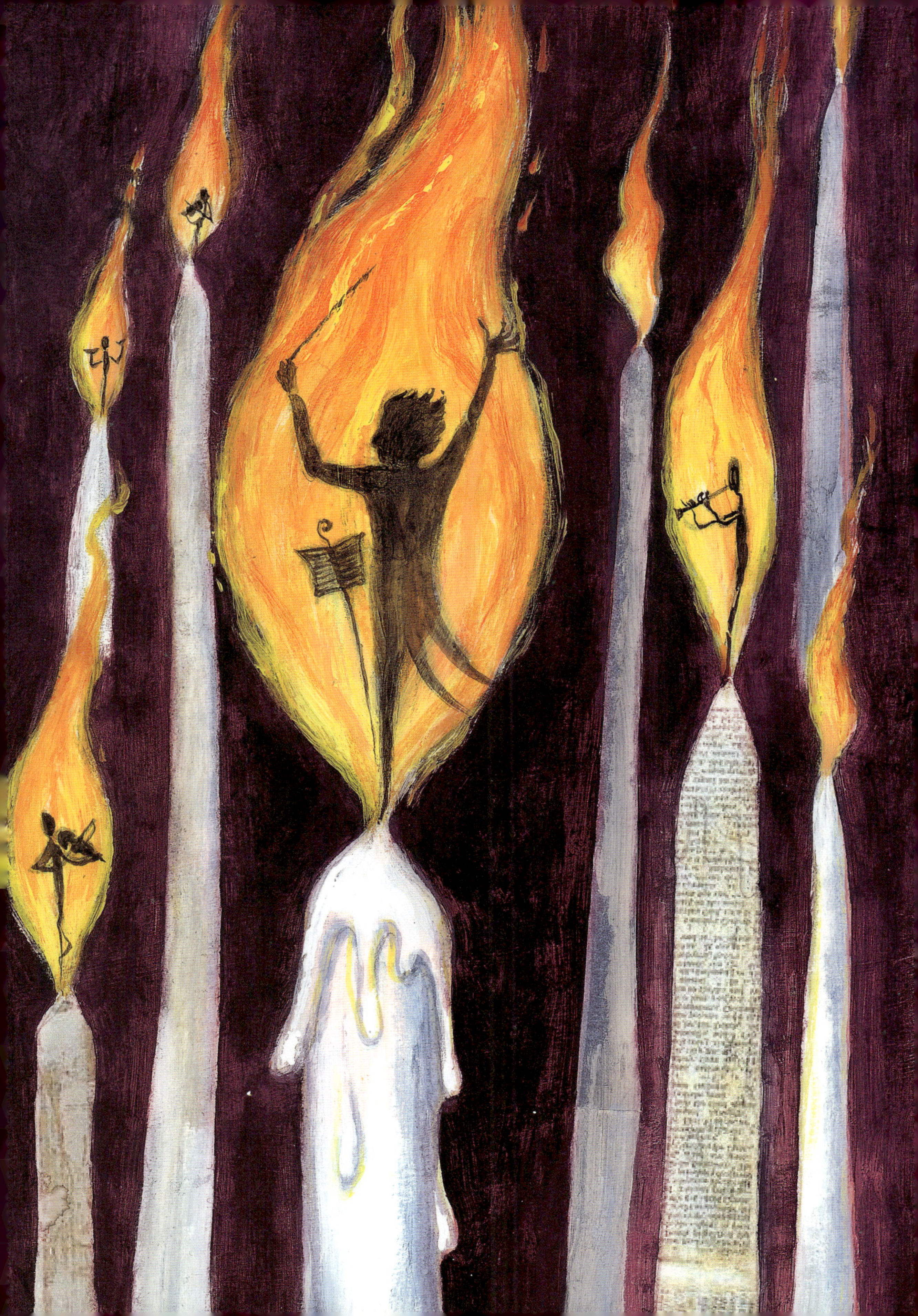

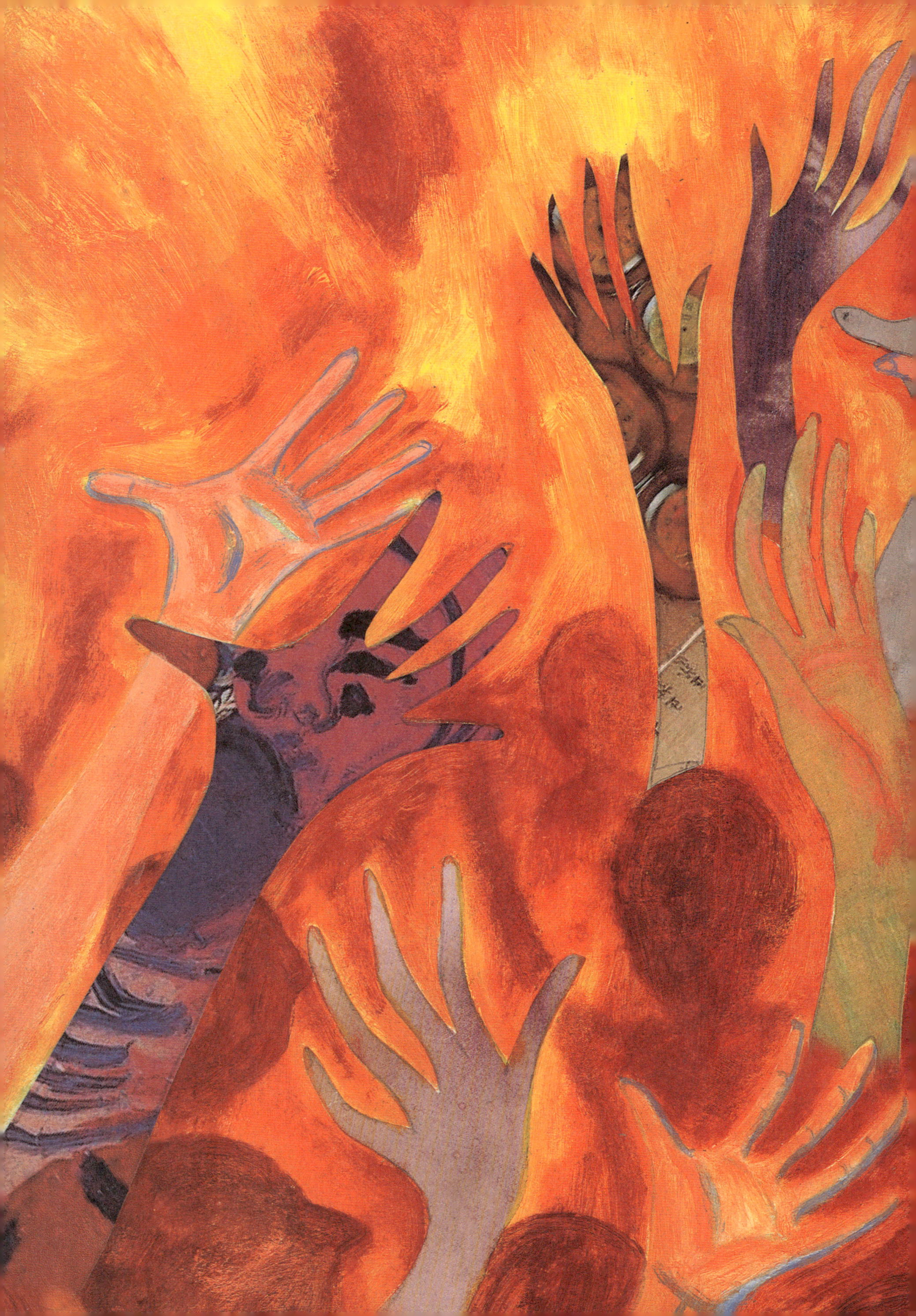

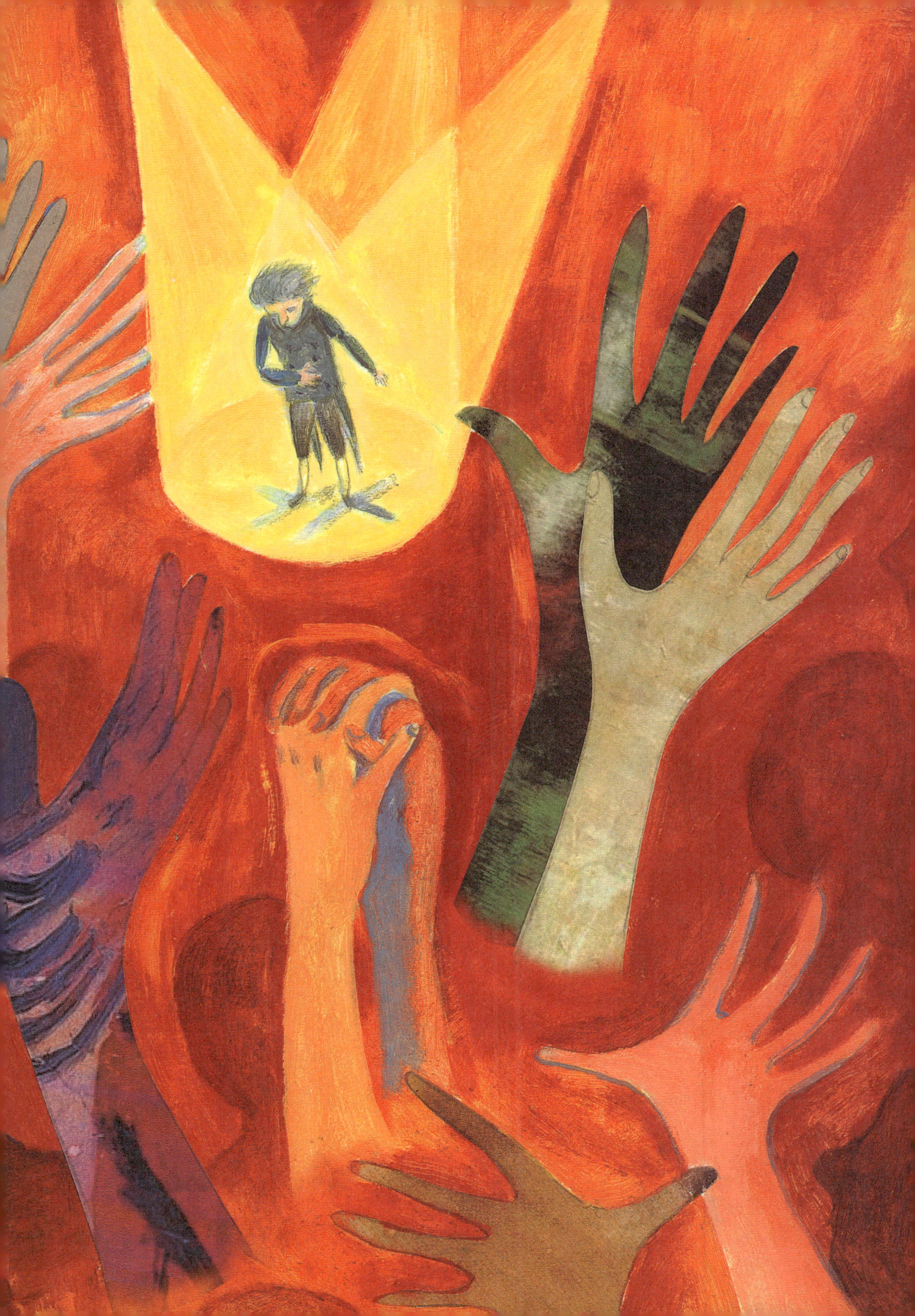

他一直活在我们心中

贝多芬的肠胃病越来越严重,一直折磨着他。后来,他还得了黄疸和肺炎,眼睛也越来越差。

贝多芬一直在与想要打垮自己的病魔做斗争，其间还创作了多首弦乐四重奏作品。在风平浪静的日子里，听这些平静而淡然的曲子，会让人不知不觉陷入深深的感动。

但是，贝多芬的亲人却对生病的他不闻不问，仅剩的唯一一个弟弟约翰对哥哥视而不见，贝多芬全心全意疼爱的侄子卡尔也动不动就顶撞他。卡尔甚至还有过极端行为，伤透了贝多芬的心。

贝多芬病了很长一段时间，来看他的人越来越少了。他的肚子里总是积水，前后共做了四次手术，可他的病丝毫没有好转，反而越来越严重了。

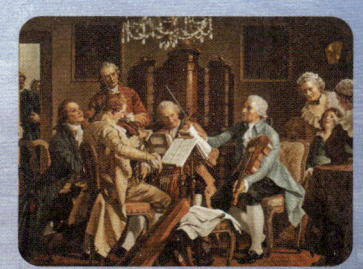

贝多芬时代的弦乐四重奏团

弦乐四重奏

弦乐四重奏，正如字面意思一样，是用四种弦乐器演奏的曲子——两把小提琴，一把中提琴，一把大提琴。虽然只用了这四种乐器，但是合奏的曲子却能带给人深深的感动，因此很多作曲家对此很感兴趣。

尤其是贝多芬去世之前留下的《弦乐四重奏》，被评为首屈一指的作品。

有一天，曾担任贝多芬秘书的安东·辛德勒拿着一堆乐谱来找他，出现在贝多芬眼前的正是舒伯特的歌曲。虽然舒伯特是一个年仅三十岁的年轻作曲家，却已经写了五百多首歌曲和交响曲、钢琴曲。

贝多芬躺在床上，慢慢翻看舒伯特的乐谱，突然瞪大了眼睛。

"从这首曲子里就能看出他的惊人才华了！好像是叫舒伯特吧？你一定要把这个年轻人带来。"

几天后，舒伯特终于见到了自己一直敬仰的贝多芬。贝多芬露出了许久未见的温和笑容，紧紧地握住了舒伯特的手。

"要是我们能早点儿见面就好了……你一定会成为一个伟大的音乐家，你的音乐一定会让很多人又哭又笑。"

之后，两个天才音乐家就没有了再见面的机会。

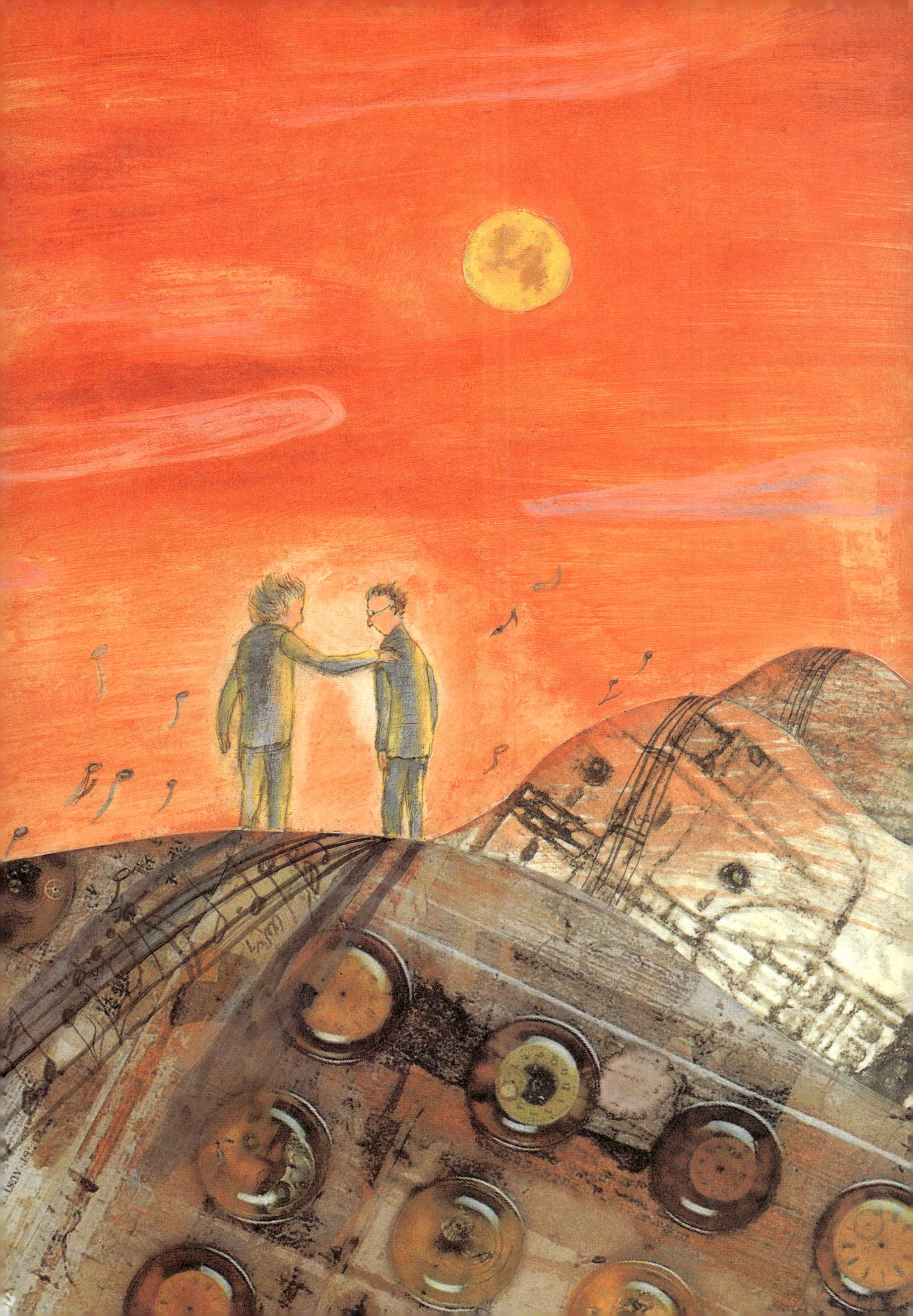

1827年3月26日，狂风肆虐，大雪纷飞，甚至响起了轰隆隆的雷声。已经昏迷了两天的贝多芬，突然睁开眼睛，举起右手，喊着别人听不懂的话。然后举起的手啪嗒一声垂下，他慢慢地闭上了眼睛。

四天后，人们举办了贝多芬的葬礼。话剧演员安舒茨宣读了贝多芬生前好友奥地利著名戏剧家格里尔帕策写的悼词。舒伯特和车尔尼举着火把走在灵柩前面，后面是尊敬贝多芬、热爱他音乐的无数市民的队伍。按照贝多芬的遗言，以第12号钢琴奏鸣曲作为葬礼中的进行曲。

虽然贝多芬离开了这个世界，但是他的精神却留在了人们的心中——人们听着贝多芬的音乐，就会想起那个战胜了各种困境，像烈火一样走完一生的伟大的音乐家。

| 情报夹 |

贝多芬时代的伟大音乐家们

贝多芬经历了从奏鸣曲形式、弦乐四重奏、交响曲等不断发展的古典主义时代,到越来越动人心弦的钢琴曲的浪漫主义时代初期。

这个时期,有很多在奥地利和德国舞台上活动的音乐家,贝多芬与这些音乐家相互影响着。下面就让我们去看看有哪些音乐家吧!

交响曲之父海顿(1732—1809)

海顿出生于奥地利的一个小村子,父亲是一位牧师,他从小就在教堂少年合唱团里展现了与众不同的歌唱才华,渐渐崭露头角。从1761年开始,三十年间他一直担任宫廷乐团的团长。交响曲原本是一种简短的音乐,在海顿的手中却慢慢发展成了管弦乐团演奏的长音乐。他一生创作了一百多首交响曲。

海顿发现了年轻的很有才华的贝多芬,他们的缘分虽然很短暂,但他也用心教授过贝多芬作曲。贝多芬为了表达对海顿的谢意,把第1号、第2号、第3号钢琴奏鸣曲献给了海顿。

音乐天才莫扎特(1756—1791)

莫扎特从六岁开始就跟着父亲在欧洲游历,举办演奏会,年纪轻轻就名声在外了。八岁时创作了第一首交响曲,十四岁时把自己创作的歌剧搬上了舞台。之后,又先后创作出了歌剧和交响曲等六百多首曲子,备受大家喜爱,但年仅三十六岁就早早离世,令人惋惜。

莫扎特是贝多芬小时候最想效仿的音乐家。1787年,莫扎特第一次见到贝多芬,并认可了贝多芬的才华,但是他们两个人的缘分却止步于短暂的相遇。

凭借钢琴练习曲扬名的车尔尼（1791—1857）

车尔尼是维也纳一位钢琴老师的儿子，九岁时就已经能够在舞台上演奏莫扎特的钢琴协奏曲了，十岁时成为贝多芬的学生，得以学习更多的音乐知识。

虽然车尔尼创作了很多歌曲、交响曲、协奏曲等曲子，但是真正让他扬名的却是钢琴练习曲，他编写的钢琴教材直到今天依然被世界各国使用。

把意大利歌剧介绍给全世界的罗西尼（1792—1868）

罗西尼二十多岁时就凭借《坦克雷迪》《意大利女郎在阿尔及尔》《塞维利亚的理发师》等坐上了顶级作曲家的位子。在维也纳，罗西尼的音乐得到大众喜爱，曾有一段时间人们开始无视贝多芬的音乐。可贝多芬却对罗西尼的音乐给出了很高的评价，罗西尼也对贝多芬的弦乐四重奏很感兴趣。

歌曲之王舒伯特（1797—1828）

舒伯特在短暂的一生中创作了一千多首曲子，其中七百多首都是美丽动听的歌谣。唱歌实力超强的舒伯特尤其喜欢歌曲，有《美丽的磨坊女》《冬之旅》《圣母颂》等具有代表性的歌曲。

舒伯特非常尊敬贝多芬，甚至留下遗言，死后要葬在贝多芬墓旁。现在，贝多芬和舒伯特并排安葬在维也纳中央公墓里。

古典主义音乐之都——维也纳

海顿、莫扎特、贝多芬都是古典主义音乐的代表人物。奥地利的维也纳是他们活动的主要舞台，人们把他们三个人称为"维也纳古典派"。在很长一段时间里，维也纳一直是文化的中心，王公贵族经常在这里演奏音乐、组建乐队、举办演唱会等。正是他们对音乐的喜爱，才让古典音乐美丽绽放。

19 世纪维也纳的音乐学校

| 情报夹 |

交响曲和交响乐团

贝多芬一生创作了很多种类的音乐，包括钢琴曲、小提琴曲、教会音乐、歌剧、交响曲等。其中《命运》《田园》《合唱》等交响曲不仅在贝多芬生活的时代备受人们喜爱，至今依然深深感动人们。下面就让我们一起去了解一下，多种乐器声合在一起形成的交响曲到底是什么，这样的交响曲是怎样演奏出来的吧。

完美和谐的回响——交响曲

交响曲是由多个乐章（交响曲等音乐作品中的3~4个曲子的各个部分）组成的曲子。用英语来表示是"Symphony"，来源于希腊语，表示"完美和谐的回响"。包括钢琴奏鸣曲在内的众多曲子都是由三个乐章组成的，但是交响曲一般由四个乐章组成。

19世纪，最初的交响曲是由交响曲之父海顿创作完成的。海顿共创作了一百多首交响曲，同一个时期的莫扎特也在自己短暂的一生中创作了四十多首交响曲。之后，贝多芬发表了九首交响曲，既是古典派交响曲的完成，也为浪漫派交响曲的发展奠定了基石。

木琴

铙钹

交响曲的编号

著名作曲家的交响曲都有自己的编号，通过编号就可以知道这首交响曲是作曲家创作的第几首曲子。例如"贝多芬的第六交响曲"，就是贝多芬创作的第六首交响曲。

除了交响曲，很多其他种类的音乐作品也有作曲家或学者编好的编号。

弦乐器比其他乐器的声音小，所以需要更多的人一起演奏。

坐在指挥家旁边的就是第一小提琴演奏者。

一个声音——交响乐团

多种乐器一起演奏的就是管弦乐，演奏这种乐曲的人聚在一起就组成了管弦乐团。通常把大型管弦乐团叫作交响乐团，英语名称是"Symphony Orchestra"。

交响乐团通常由 60~120 名演奏者组成，分别演奏不同的乐器。组成管弦乐中心的弦乐器、让曲子感觉更丰富的管乐器、强调节奏的打击乐器等创作出了一个回响。交响乐团中最重要的角色就是指挥家。为了完美的回响，指挥家要指挥演奏者，演奏者跟着指挥家的指挥演奏。贝多芬也曾多次指挥过交响乐团。

打击乐器
除铙钹之外，三角铁、铃鼓、大鼓、小鼓等都是通过敲击发出声音的乐器。

定音鼓

铜管乐器
是一种用金属制作而成，用嘴吹发出声音的乐器。除了圆号，还有长号、小号、大号等。

圆号

铜锣

木管乐器
是一种用嘴吹木管发出声音的乐器。现在，除了木制的，还有很多是用金属和塑料制作而成的。代表性的木管乐器有长笛、双簧管等。

双簧管

低音提琴

擦奏弦鸣乐器
小提琴、中提琴、大提琴、低音提琴属于擦奏弦鸣乐器，是用手指或者其他工具拨动琴弦发出声音的乐器。这类乐器的演奏者坐在离指挥家最近的位置。

小提琴

指挥家用指挥棒表示节奏，用另一只手表示强弱等乐曲表情。有的指挥家并不使用指挥棒，直接用手指挥。

| 人物概述 |

1770
出生在德国波恩。

1774
开始跟着父亲学习钢琴。

1778
在科隆举办了第一场钢琴演奏会。

1781
开始跟着奈弗学习钢琴和作曲。

1784
成为宫廷乐队的正式成员。

1787
去维也纳留学,得到莫扎特的指导。因母亲病危时,回到波恩。

1789
法国革命爆发。

1790
创作了《利奥波德康塔塔》,初次与海顿见面。

1791
莫扎特去世。

1792
再次来到维也纳,得到海顿、申克、阿尔布雷希茨贝格等音乐家的指导。

路德维希·凡·贝多芬
(Ludwig van Beethoven, 1770—1827)

德国音乐家,古典乐派代表人物之一,开辟了浪漫派音乐之路。凭借钢琴即兴演奏成为著名的钢琴家,后来患上耳疾,慢慢失聪。他最终战胜了命运,倾尽心血创作出了《英雄》《命运》《田园》《合唱》等著名交响曲,以及《月光》《悲怆》等钢琴奏鸣曲。身为音乐家,却患上了对音乐家来说十分致命的耳疾,他的经历和作品给后人带来了强大的精神力量。

贝多芬的钢琴

贝多芬住过的房子"贝多芬英雄屋"

位于波恩的贝多芬铜像

贝多芬用过的助听器和第三交响曲《英雄》乐谱

> 贝多芬是战胜了自己命运和悲哀的胜利者。
>
> ——法国作家罗曼·罗兰

贝多芬的肖像画

- 1793
  结交利赫诺夫斯基,并得到其帮助。

- 1796
  去布拉格、柏林等地演奏。开始出现耳聋现象。

- 1801
  收车尔尼做自己的学生。

- 1802
  耳疾恶化,去海利根施塔特修养,并留下遗书。

- 1804
  创作第三交响曲《英雄》。

- 1805
  完成歌剧《费德里奥》。

- 1806
  发表第四交响曲。

- 1808
  发表第五交响曲《命运》和第六交响曲《田园》。

- 1823
  完成《庄严弥撒曲》。

- 1824
  发表第九交响曲《合唱》。

- 1827
  离开这个世界。

图书在版编目（CIP）数据

贝多芬 / 韩国汉松教育编；千太阳译. —成都：天地出版社，2023.1（2023.3重印）
（励志名人传记）
ISBN 978-7-5455-6875-2

Ⅰ.①贝… Ⅱ.①韩…②千… Ⅲ.①贝多芬(Beethoven, ludwing Van 1770–1827)—传记—青少年读物 Ⅳ.①K835.165.76-49

中国版本图书馆CIP数据核字（2021）第266899号

마주보는 인물이야기 : 02. 루트비히 판 베토벤 © Hansol Education Co., Ltd., 2004
Text: 정해왕 (Jung Hae Wang)
Illustrations: 소윤경 (So Yoon Kyung)
All Rights Reserved.
Simplified Chinese translation © Beijing Huaxia Winshare Books Co., Ltd., 2023
Chinese simplified language translation rights arranged with Hansol Education Co., Ltd. through Qiantaiyang Cultural Development (Beijing) Co., Ltd.

著作权登记号：图进字21-2022-93

BEIDUOFEN

贝多芬

出 品 人	杨 政	责任校对	曾孝莉
编 者	韩国汉松教育	装帧设计	书情文化
译 者	千太阳	责任印制	刘 元
责任编辑	李红珍 江秀伟		

出版发行	天地出版社
	（成都市锦江区三色路238号 邮政编码：610023）
	（北京市方庄芳群园3区3号 邮政编码：100078）
网 址	http://www.tiandiph.com
电子邮箱	tianditg@163.com
经 销	新华文轩出版传媒股份有限公司
印 刷	北京雅图新世纪印刷科技有限公司
版 次	2023年1月第1版	印 次	2023年3月第2次印刷
开 本	787mm×1092mm 1/16	印 张	4
字 数	64千字	定 价	35.00元
书 号	ISBN 978-7-5455-6875-2		

版权所有◆违者必究

咨询电话：（028）86361282（总编室）　　购书热线：（010）67693207（营销中心）

如有印装错误，请与本社联系调换